ちくま学芸文庫

〈権利〉の選択

笹澤 豊

筑摩書房

目次

〈権利〉の選択

序　文

「権利」の思想とはどのような思想であろうか。そしてこの思想の根拠はどのようなものであろうか。——こういう問いをかかげると、人は訝るかもしれない。我々は普段、ごく当たり前の言葉として「権利」という言葉を口にしている。我々は空気の存在をことさら意識せずに生活しているが、〈権利〉も我々にとってそれと同じようなものであるといえよう。〈権利〉が空気のようなものだというのは、それが我々の日常生活の至る所に顔を出すごく当たり前のもの（つまり普遍的なもの）だからであるが、それだけではない。〈権利〉はまた、我々の生活そのものを支える重要な基盤をなしている。にもかかわらず、その重要性がことさら意識されないほど我々の生活に密着している、という意味でも、それは空気に似ているといえよう。さらに〈権利〉は、その基本的なもの（いわゆる基本的人権）に関しては、万人に平等に認められるべきものだとみなされている、という点でも空気と性質を同じくしている。「権利の平等」という考え方そのものが空気の存在のように自明視されている、というのが、今日の我々が住まう思想世界の現状であろう。

だが、この「権利の平等」という考え方は、それほど当たり前のものであろうか。そうではないことは歴史が示している。この思想はロックやルソーによって説かれ、アメリカの独立とフランス革命とによって現実世界に定礎されたが、その定礎にあたっては文字通り多くの血が流されている。血の犠牲の上に実現された思想、──そのような思想が、だれによっても認められ、どこにでも通用する空気的な存在であろうはずがない。空気的存在であれば、それはなんら社会的コンフリクトを生じさせることとなしに、とうの昔からすべての人に受け入れられていたであろう。銘記すべきことは、〈権利〉の思想が権力闘争によって──それも武力行使をともなうあからさまな権力闘争によって──勝ち取られた思想だということである。次のように謳うアメリカの独立宣言を、我々は、旧勢力に対する思想的闘争宣言として読むべきであろう。

我々は、自明の真理として、すべての人は平等に造られ、造物主によって、一定の奪いがたい天賦の権利を付与され、そのなかに生命、自由および幸福の追求の含まれることを信ずる。また、これらの権利を確保するために人類のあいだに政府が組織されたこと、そしてその正当な権力は被治者の同意に由来するものであることを信ずる。そしていかなる政治の形態といえども、もしこれらの目的を毀損するものとなった場合には、人民はそれを改廃し、かれらの安全と幸福とをもたらすべしとみとめられる主義を基礎とし、また権限の機構をもつ、新たな政府を組織する権利を有することを信ずる。（……）連続せる暴虐と簒奪《さんだつ》の事実が明らかに一貫した目的のもとに、人民を絶対的暴政（デスポティズム）のもとに圧倒せんとする企図を表示するにいたるとき、そのような政府を廃棄し、自らの将来の保安のために、新たなる保障の組織を創設することは、かれらの権利であり、また義務である。

引用の後段が示しているように、この宣言文は「力による支配の排除」という理念をかかげている。〈権利〉の思想は、力による暴虐や簒奪から人民を保護するために、力による支配の企図そのものを否定しようとする思想なのだ。——だが、そうした理念の表明に目を奪われて、この思想のリアリティーそのものが〈力〉の行使によって支えられているのだということを我々は見逃すべきではあるまい。宣言の主張を貫くために、アメリカの植民地の人々は、イギリス本国の政治的・軍事的圧力に対して自ら武力をもって戦わねばならなかった。フランス革命にしても事情は同様である。自己の人間としての〈権利〉を主張したフランスの人々は、この主張を貫こうとしたとき、ルイ十六世を頂点とする旧制度の武力行使に対して、自ら武力をもって戦わねばならなかった。

だが、武力闘争によって勝ち取られる思想が「力による支配の排除」を理念としてかかげるという事態を、我々はどう受けとればよいのであろうか。考えてみれば、この思想が身をおく状況は、きわめて奇妙なものであるといわねばならない。というのも、この思想は、自らが否定し排除しようとするものによって、自らを支えているからである。〈権利〉の思想は、〈力〉による支配を排除しようとするものであるのに、この目的を実現するためには、〈力〉を頼みとせざるをえないのである。力による支配を企図する者に対して、「力による支配は不正である」という〈理〉を説いたとしても、所詮は馬の耳に念仏でしかない。〈力〉は〈理〉を受け入れようとはしない。そうなれば〈理〉を貫く手段として残るのは、〈理〉が自ら力を身につけ、この力をもって〈力〉に対抗することだけである。だからフランスのいわゆる人権宣言（「人および市民の権利宣言」）は、はっきり次のように述べるのである。

人および市民の権利の保障は、一つの武力を必要とする。したがってこの武力は、すべての者の利益のために設けられるもので、それが委託される人々の特定の利益のために設けられるものではない。

この条文には、〈権利〉の思想の実現が〈力〉の行使の上に成り立つものだという認識が、明確に示されている。「権利の平等」は自分たちが〈力〉によって勝ち取ったものだ、というフランス人民の自覚が、この条文には反映しているといえよう。〈力〉が必要とされるのは、なにも〈権利〉の思想を実現しようとする革命や独立のさなかだけではない。事が成就し、新政府が樹立されたあとでも、この政府は、〈力〉による支配を企図して〈権利〉を脅かそうとする外敵をつねに想定し、これに備えねばならない。また国内にも、〈力〉に訴えて〈権利〉を侵害しようとする者はたえず存在する。〈権利〉を保護するのは法であるが、法を破る者が出た場合には、政府はこれに〈力〉をもって対処せざるをえない。国民の〈権利〉を保護する法は、効力を発揮するために、権力によって保障されねばならないのである。

「力による支配の排除」を理念とする思想が、自ら〈力〉を恃《たの》み、〈力〉と〈力〉との闘争の世界に身をおかざるをえない、ということ、自己を実現するために〈力〉を必要とする思想が「力による支配の排除」を理念としてかかげるということ、これはしかしパラドックスではないであろうか。〈力〉に区別を設けて、「〈権利〉の思想が求めるのは正しい力、あるいは力の正しい行使であり、排除しようとするのは不正な力、あるいは力の不正な行使なのだ」と言うことができれば、ここにはパラドックスは存在しないと言うことができるであろう。だが、正しい力、あるいは力の正しい行使とは、いったい何であろうか。それは〈権利〉の思想を擁護するような力であり、あるいは力の行使である、とさしあたりは言うことができるであろう。ただし、そのように言うことができるのは、〈権利〉の思想が正しいとした場合のことである。

しかし問題は、〈権利〉の思想が自己の正しさをどうやって示すことができるか、どのような自己正当化の論理を持っているかである。アメリカの独立宣言は、人間の〈権利〉が「造物主」によって人間に平等に付与されたものであるとし、このことは「自明の真理」として信じられるべきことであるとしている。しかしこのことは、決して「自明の真理」ではない。なるほどキリスト教を信仰する者にとっては、このことは「自明の真理」であるかもしれない。だがキリスト教の信仰を持たない者にとっては、そうではない。たとえばアリストテレスは、次のように述べている。

他の人々に比べて、肉体が魂に、また動物が人間に劣るのと同じほど劣る人々は誰でも皆自然によって奴隷であって、その人々にとっては、（……）そのような支配を受けることのほうが善いことである。このような人々は、その働きが肉体を使用することにあって、彼らのなしうる最善のことはこれより他にないといった人々のことである。（『政治学』第一巻第五章）

アリストテレスが生きたのは、古代ギリシアのポリスという典型的な奴隷制社会である。この奴隷制社会を、彼は「自然」のしからしめるところだと考えている。人間の不平等を「自然」のしからしめるところだと考えたのは、なにも西洋古代の哲学者だけではない。たとえば江戸初期の儒学者・林羅山は、朱子学にもとづいて、「上下定分の理」を説いている。

天は上にあり、地は下にあるは、天地の礼なり。この天地の礼を、人うまれながら心にえたるものなれば、万事につきて上下・前後の次第あり。この心を天地におしひろむれば、君臣・上下、人間みだるべからず。（『三徳抄』）

天地間の差別のように、身分上の差別は生得的に定められている、と羅山は述べている。身分上の差別を正当化する羅山の思想は、徳川封建体制を擁護するイデオロギーであるといえようが、このようなイデオロギーを信奉する者に対して、はたして〈権利〉思想の擁護者は、自己の正しさを示して見せることができるであろうか。自己の思想の正しいことは「自明の真理」である、と主張しても、無駄である。「上下定分の理」の信奉者も、自己の思想の正しいことは「自明の真理」であると信じている。ここにあるのは信仰と信仰との対立であり、そうである以上、〈権利〉思想の擁護者は、この対立の壁を突き破ることはできない。

アメリカの独立宣言には、十七世紀のイギリスの哲学者・ロックの『統治論』の思想が大きな影響を与えたといわれている。信仰によるのではなく、論理によってものごとの正否を決しようとするのが哲学者の哲学者たるゆえんであるが、では、この哲学者・ロックは、〈権利〉の思想の正当性について、どのような論理を示してみせているであろうか。ロックの議論は、「すべての人が自然の姿でどのような状態にあるか」を考察することから始まっている。そのような状態をロックは「自然状態」と名付けるが、この自然状態は万人の平等が保たれている状態である、とロックはいう。というのも、そこには「自然の法」が支配しているからである。

自然の状態にはそれを支配する自然の法があり、それはすべての人を拘束している。そして理性こそその法なのだが、理性にちょっとたずねてみさえすれば、すべての人は、万人が平等で独立しているのだから、だれも他人の生命、健康、自由、あるいは所有物をそこねるべきではないということがわかるのである。

（『統治論』第二章）

ロックは、万人がその「自然」において平等である、という主張を、「理性の法」である自然法の正当性によって基礎づけようとしている。これは、「理性的に考えれば、万人が平等であることは明らかである」と述べることに等しい。だがこれだけでは、アリストテレスや林羅山を納得させるにはまだ充分ではない。「否、むしろ不平等こそが人間の自然の状態である、というのが理性の教えるところなのだ」と切り返されれば、それまでである。理性の教えるところは万人の平等である、とする自らの主張の正当性を、ロックはさらに示してみせなければならない。そこでロックは、右の引用のあとに続けて、次のように述べることになる。

なぜなら人間は皆、唯一全能でかぎりない知恵を備えた造物主の作品だからである。すなわち人間は、唯一なる最高の主の命によってその業にたずさわるために地上へ送られた召使いであり、主の所有物であり、主の作品であって、人間相互の気ままな意思によってではなく、神の意のある間、生存を許されるものだからである。そして我々は同じ能力を授けられ、皆が一つの自然の共同社会に参与しているのだから、下等の被造物が我々人間のためにつくられているのと同じように、我々も相互に役立つためにつくられているかのように、互いに殺し合うのを正当化するような従属関係を我々の間に仮定することはできないのである。

（前掲書）

これを読んで肩すかしをくらったと感じない者は、おそらく狂信的なキリスト教の信者であろう。非キリスト者、あるいはキリスト者であっても、信仰の事柄と知の事柄とを区別して考えようとする者には、ロックのこの基礎づけの議論は失望を与えるにちがいない。ロックの基礎づけは、その根拠を「造物主」の意思におくものであり、この点ではアメリカ独立宣言の場合と変わらないからである。

いったい〈権利〉思想の基礎づけは、「造物主」の観念を持ち込まなければ不可能なのであろうか。もしそうであるとしたら、〈権利〉思想の正当性は合理的には示すことができないものであり、したがってこの思想は明確な根拠を欠くものだ、ということになる。「造物主」が持ち込まれ、信仰の言葉が始まるところ、それは、理性の言葉、論理の言葉が放棄されるところである。

もっとも、「造物主」を持ち込まないような〈権利〉思想の基礎づけがないわけではない。たとえばフランスの人権宣言は、その冒頭で次のように述べている。

> 国民議会として組織されたフランス人民の代表者たちは、人権の不知・忘却または蔑視が公共の不幸と政府の腐敗の諸原因にほかならないことにかんがみて、一つの厳粛な宣言の中で、人の譲渡不能かつ神聖な自然権を展示することを決意した。その意図するところは、社会統一体のすべての構成員がたえずこれを目前に置いて、不断にその権利と義務を想起するようにするためであり、(……)市民の要求が以後単純かつ確実な諸原理を基礎に置くものとなって、常に憲法の維持およびすべての者の幸福に向かうものとなるためである。

ここでは〈権利〉の思想が、「すべての者の幸福」を実現すべきものとしてかかげられている。〈権利〉の思想は「すべての者の幸福」を実現しようとするものであるから、それ自体善なるものであり、したがって尊重されるべきものであり、それゆえ〈権利〉の思想を擁護するような力の行使は力の正しい行使なのだ、というわけである。人民の〈権利〉を無視する旧制度の〈力〉による支配が人民の幸福を奪ってきた、という歴史認識に立てば、幸福を願う我々にとって、「すべての者の幸福」を根拠とするこうした〈権利〉思想の正当化は、たしかに説得的であるといえよう。

だが、幸福の実現が善であるとされる場合、その幸福とは何かが問題になるであろう。というのも、幸福とはきわめて主観的な概念であって、何を幸福と感じ、何を不幸と感じるかは人それぞれ異なっているからである。戦乱のない平穏な日常の生活に幸福を見出す者もいれば、凡庸な日常生活に飽き足りずに戦乱を夢見る者もいる。そのように嗜好を異にする人間の「すべて」に対して幸福を保証することなど、そもそも不可能ではないであろうか。早い話がフランス革命である。フランス革命によって、それまで旧制度の下で幸福を享受していた一部特権階級の人々は、不幸のどん底につき落とされた。つまりフランス革命は、「すべての者の幸福」を実現しなかったし、そもそも企図していなかったということになる。

これに対しては、当然反論がなされるであろう。〈権利〉の思想が「すべての者の幸福」というとき、その「すべての者」とは「〈権利〉の思想を尊重して、他人の権利を侵害しない者のすべて」ということであって、他人の権利を侵害しようとする者は、そのことによってすでに「すべての者」というカテゴリーから排除されているのだ、と。〈権利〉の思想が幸福の追求や自由を人間の天賦の権利として掲げ、各人に幸福追求の自由を認めるのは、あくまでも「他人の権利をそこなわない限りで」という条件の下においてのことであって、この条件を無視しようとする者は、〈権利〉の思想がつくろうとする社会の構成員としては認められないのである。——たしかにこれはもっともな反論であると言わなければならない。生存に必要な基本的条件が満たされれば、人はそれでひとまずよしとして、そこに幸福を見出すべきであって、これに満足できずにそれ以上のことを望む者も「他人の権利をそこなわない限りで」それを行わなければならない、ということは、我々が社会生活を営む上での基本的なルールだからである。

しかし問題は、「幸福」を根拠とするこの基礎づけが、〈権利〉思想の基礎づけとして、はたして充分なものであるかどうかである。ネロやヒトラーのように、「権利の平等」を否定し、他人の権利をそこなわなければ実現できないようなことにしか幸福を見出せない者が、「なぜ私の幸福追求の行為はいけないのか」と問うたとき、〈権利〉思想の擁護者は、どう答えればよいのか。「あなたの行為は、平等主義に反し、他人の権利を侵害するからよくないのだ」と答えたとしよう。それに対して、「なぜ我々は平等であるべきなのか。他人の権利を侵害することはなぜよくないのか」という質問がヒトラー的人間の側から返ってくる。「人間各人の権利は平等であり、これを尊重することは善だからだ」と〈権利〉思想の擁護者は答えるであろう。しかしヒトラー的人間はさらに質問をする。「権利を尊重することが、なぜ善なのか」と。それに対して〈権利〉思想の擁護者が、「権利の尊重は、万人に幸福をもたらすから善なのだ」と答えたとすれば、ヒトラー的人間はこう切り返すであろう。「なるほど、幸福が善であるから権利の尊重も善だというのだな。しかしそれならば私も幸福を追求している。幸福が善であるのなら、私の行為も善だということになるのではないか」――〈権利〉思想の擁護者は、このヒトラー的人間の反論にどう答えればよいのであろうか。「あなたの行為は、多数者である人民の幸福を犠牲にするものだからよくないのだ」と答えてもはじまらない。この答えは、「多数者の幸福が少数者の幸福に優先されるべきである」という考え方に基づいているが、この考え方の正当性を示すことはさらに困難だからである。

こうして、〈権利〉思想の根拠への問いによって、我々は深い疑問符の靄《もや》の中へと引きずり込まれる。普段我々は、〈権利〉の思想をごく当たり前のものとして受けとめ、この思想の根拠をとくに問題にすることもないから、そうした靄を意識することもない。根拠があいまいで、その正当性を明確な論理によっては示すことができないのに、だれからも正しいとみなされている思想、それが〈権利〉の思想である。だが、根拠のあいまいな思想を正しいとみなすことは、信仰以外の何ものでもない。私自身も含めて、我々は皆〈権利〉教の信者なのである。信者には、その思想の限界や問題点は見えないものである。だが、この思想が我々の社会の基盤をなす重要な思想であればこそ、その限界や問題点を問おうとすることは必要なのではないか。——以下の各章は、そのような問題意識から書かれている。

なお、以下の本論部では、私は〈権利〉の概念を表すのに、「権利」の語のほかに「ライト」、「権理」、「ケンリ」といった語を用いた。これは、(いわゆる)〈権利〉の思想の構造分析を行う手段として、これらの語の意味を区別して使う必要があると考えたためである。煩瑣の感がないではないが、方法上必要なことなので、ここにあらかじめ断っておきたい。言うまでもなく、「権利」という日本語は right＝〈ライト〉の訳語であるが、「権利」と〈ライト〉という二つの語の意味内容は、決して同じものではない。第一章で詳しく述べるように、〈ライト〉は「正しさ」や「正当性」を意味の中核として持つ語であるが、他方、「権利」は基本的には「利を保護する力」という意味を持つ語だからである。幕末－明治期において〈ライト〉に「権利」の訳語があてられたとき、そこには特殊日本的とも言える独自の背景的思想が作用を及ぼしている。「権理」の語も〈ライト〉に対してあてられた当時のもう一つの訳語であるが、この訳語が作られた事情にも、我々はまた別の背景的思想を読みとることができる。それぞれの訳語と密接に結びついたこれらの背景的思想は、ではいったい西洋の〈ライト〉の思想とどの程度隔たっているのか、また、どの点で共通しているのか、――そういう問い立てを考察のいとぐちにして、我々が通例「権利」と呼んでいる概念を明確化し、いわゆる「権利思想」の核心に迫って行こうというのが本書のとったやり方である。そうである以上、以下の各章では、私はこの思想を表すのに、何の留保もなく「権利思想」という表記を用いることはできなかったし、また、今日我々の社会で通用している「権利」という概念に、無造作に「権利」の語をあてることもできなかった。その代わりに私が用いたのが、「ケンリ」という表記である。こういう表記を用いたのは、今日我々が日常使っている「権利」という言葉が、この言葉の形成期にはあった背景的思想との濃密な結びつきをほとんど失ってしまっていると思われるからである。序文では便宜上、私はこの「ケンリ」という表記を用いず、代わりに〈権利〉という表記を使用したが、本論部で私が（この「ケンリ」や〈権利〉ではなく）「権利」という表記を使った場面は、大まかにいって二つある。一つは、この言葉が、いま述べた背景的思想との特定の関連を持つ概念である場合、もう一つは、この言葉が〈ライト〉の思想内容の分析にもとづいて提示される場合である。「権利」と〈ライト〉はひとまず区別されるべき言葉ではあるが、これらの言葉のそれぞれが持つ背景的思想は、内容上決して無縁のものではない。むしろそれらは本質的なところで通底している、というのが、考察の結果得られた私の見解である。このような自覚にたち、〈ライト〉の本質を端的に示す表現としてふたたび〈権利〉という表記を選び取るとすれば、本書の考察は、〈権利〉（＝ケンリ）の問題提起から出発し、この〈権利〉を解体することを通して、ふたたび〈権利〉へと回帰する、というプロセスをたどるものである。

第一章　「権利」という日本語

1　思想表現としての「権利」

権利思想の根拠を問うための予備作業として、我々はまず、問いを立てる我々自身の言語使用を問題にする必要がある。我々は日本人であり、〈ライト〉の訳語として「権利」という語を用いている。だから我々は、「権利」の思想を〈ライト〉の思想と同じものと考え、「権利」について議論をする場合でも、この前提にたって発語している。本書の「序文」もその例外ではない。だが、権利思想の根拠を問題にして、その本質にまつわる諸問題を検討しようとするこの考察においては、我々はひとまずそうした前提そのものを投げ捨てるところから始めなければならない。というのも、「権利」という語は、〈ライト〉の直訳語であるどころか、意訳語ですらなく、それ自体が一つの独自な思想を表出する言葉だからである。我々日本人が使用する「権利」という語は、〈ライト〉の概念に対する一定の解釈を背後に持ち、この解釈を表現するために作られた言葉なのであり、そうである以上、〈ライト〉の思想を問題にするにせよ、〈権利〉の思想を問題にするにせよ、その考察において我々が「権利」という言葉を用いようとするのであれば、この言葉の意味を支える背景的思想そのものを明確化する作業を欠かすことができない。

「権利」という語が〈ライト〉の訳語でないことを知るためには、辞書を見るだけで充分である。国語辞典で「権利」の項目を引いてみると、そこには、「一定の利益を主張し、また、これを享受する手段として、法律が一定の資格を有する者に賦与する力」（『広辞苑』）、「自己のために一定の利益を主張したり、これを受けたりすることのできる法律上の力」（『国語大辞典』）という説明が示されている。しかし英語辞典には、こうした釈義に対応する記述は全く見られない。英語辞典の right の項目には、「一定の範囲内で許可され禁止される行為の基準、法、規則ないし規範。公平もしくは自然の光と調和すること、道徳的に正当なこと。正しい行い、公平な行い、決定における公正、正義。正しいこと、正当性、真相。或る物を所有したり獲得することの、あるいは一定の仕方で行為することの、法的もしくは道徳的根拠にもとづいた正当な要求」（*The Shorter Oxford English Dictionary*）とある。ここには、〈ライト〉が「正しさ」や「正当性」という意味を中核に持つ語であることが示されている。

確認すべきことは、国語辞典の説明にある「利益」や「力」が〈ライト〉のもともとの意味には含まれていない概念だということである。国語辞典の説明は、〈ライト〉の説明ではなく、あくまでも日本語の「権利」という語についての説明なのである。「権利」の「権」は「力」を意味する語であり、「利」は「利益」を意味する語だからである。

もっとも、我々が考察の対象にしている〈ライト〉が「正しさ」や「正当性」と全くイコールではないことも確かである。もし「権利」という日本語が、この微妙なずれを表現する言葉なのだとすれば、この言葉は〈ライト〉の適切な訳語とみなされてもよいことになるであろう。だが、そうみなすことは可能であろうか。オックスフォードの法哲学者・ドゥオーキンは、『権利の重視』（『権利論』）の中で、〈ライト〉が持つ意味の独自性について、次のような説明を行っている。「彼はそれをする〈ライト〉を有する」と述べることと、「彼がそれをすることは正しい」と述べることとの間には、明らかな意味の相違がある。「彼はそれをする〈ライト〉を有する」と述べるとき、それによって意味されているのは、「彼がそれをすることに干渉するのは不正であるということ、あるいは「干渉を正当化するためにはなんらかの特別な根拠が必要であるということであり、ここでは彼の行為の「正しさ」についての私の個人的見解は問題にならない。たとえば、「君は自分の金をギャンブルにつぎ込む〈ライト〉を有している」と私が述べたとすれば、それによって私は次のように主張していることになる。「君はもっと価値のあるやり方で金を使うべきであり、君の行為は正しくないと私は考えている。しかしそうだとしても、君の行為にだれかが干渉することは不正である」と。

このドゥオーキンの説明が示しているのは、〈ライト〉の概念が客観的・社会的な行為規範に深くかかわる概念であり、この点でそれは主観的・道徳的な意味での「正しさ」とは異なっているということである。そうであるとすれば、〈ライト〉と「正しさ」とのずれを考慮に入れた場合でも、「権利」という日本語を〈ライト〉の訳語とみなすことはやはり困難である。ここにも「力」や「利益」の概念は含まれていないからである。「他者の干渉を排除するものは力であり、他者の干渉を排除することによって得られるのはその人の利益なのだから、権利という語は〈ライト〉の意味を充分に汲み尽くした訳語なのではないか」という反論もありうるであろう。だが、このような見解こそがまさに一つの解釈であり、我々がまず問題にしなければならないのは、そうした解釈そのものなのである。

2 〈ライト〉と「通義」

ここで、日本に〈ライト〉の思想を導入することに与《あずか》った人物たちが、この思想をどのように理解し、〈ライト〉にどのような訳語をあてているか、我々の考察にとって必要な範囲で見ておきたい。この思想の紹介者であり、また普及者でもあった福沢諭吉は、幕末の慶応二年（一八六六年）に出版した『西洋事情』初編の中で、アメリカ独立宣言の訳出を行っている。その一部は次のようなものであった。

天の人を生ずるは億兆皆同一轍にて、これに付与するに動かすべからざるの通義を以てす。即ちその通義とは、人の自ら生命を保し自由を求め幸福を祈るの類にて、他よりこれを如何ともすべからざるものなり。

ここに言われる「天の人を生ずるは億兆皆同一轍《どういってつ》」とは、人は生まれながらに皆平等である、ということである。訳文から分かるように、福沢はここでは〈ライト〉に

「通義」という語をあてている。「通義」とは、「世間一般に通用する道理」といったほどの意味の語である。したがってこの訳文からすれば、福沢はアメリカ独立宣言の思想を、次のように主張する思想として理解していることになる。すなわち、人が自己の生命を保持し、自由を求め、幸福を願うのは、世間一般に通用する道理として天が人に与えたものであるから、万人に等しく認められねばならないことであり、他のだれによっても妨げられてはならないことである、と。

　問題は、福沢がこの「世間一般に通用する道理」を、つまり「通義」をどのようなものとして理解しているかである。彼がそれを人為の社会規範として捉えていないことは言うまでもない。この「通義」は天が人間に付与したものである、とこの訳文は述べているからである。福沢がアメリカ独立宣言を通じて知ったのは、人為の法《ノモス》とは異なった天然の法《ピュシス》の存在である。だとすれば、彼は〈ライト〉を、今日の我々が「権利」という言葉でイメージするものとしてよりも、むしろロックのいう「自然法」として理解していると言えよう。自然法とは、人間の自然状態を、つまり社会が形成される以前の人間のあり方を支配していると考えられた普遍的規範であるが、この規範が万人に対して絶対的な拘束力を持つとされるのは、それが「神が人間に与えた一般的な規則」(『統治論』)だとみなされるからである。自然法は神意にもとづいている、だからだれもこの法には従わなければならない、というわけである。

今日の我々が福沢の理解に違和感を覚えるとすれば、それは、我々が〈ライト〉を、あるいは「権利」を、法によって保障される個々人の主観的属性としてもっぱらイメージするからである。我々によってこのようにイメージされた概念を、いま便宜的に、〈ケンリ〉という語によって表記するとすれば、「個々人の〈ケンリ〉は法によって保障されるが、法は〈ケンリ〉とは違う」というのが我々の一般的な了解であろう。こうした了解にたって見れば、福沢の訳文は明らかな誤訳であるように見える。しかし、彼の理解ははたして誤解なのであろうか。英語の right に相当する言葉は、ドイツ語では Recht、フランス語では droit であるが、Recht も droit も、〈ケンリ〉と〈法〉の両方の意味を持っている。人間が生まれながらに持つ〈ケンリ〉、すなわち我々が「自然権」と呼ぶものは、Naturrecht、droit naturel であるが、それはまた「自然法」のことでもある。このように〈ケンリ〉と〈法〉という二つの概念が一つの言葉で表現されるのは、もともとこれら二つの概念が相即不離の関係で結び合っているからである。個々人の〈ケンリ〉が保障されている状態、それは客観的な〈法〉の支配する状態であり、〈ケンリ〉と〈法〉とは、同じ一つの状態を異なった観点から見るときに生じる概念にほかならない。この状態を、個人に着目して主体的な観点から見るときに生じるのが〈ケンリ〉の概念であり、客観的な観点から見るときに生じるのが〈法〉の概念なのである。

『西洋事情』の初編におけるアメリカ独立宣言の訳文は、福沢が〈ライト〉の概念を客観的な観点から――視座を個人の位置におくのではなく、ものごとを俯瞰的・全体的に見る観点から――理解したことを示している。しかし同じ『西洋事情』でも、明治二年刊行の二編では、福沢は「通義」という訳語を用いながらも、この訳語では「原意を尽すに足らず」として、〈ライト〉は「求むべき理」、「求めても当然のこと」、「当然に所持する筈のこと」という意味を持つ言葉であると補足説明している。ここには明らかに、〈ライト〉を個人の側から捉える主体的な観点が入り込んでいる。自由にせよ生命にせよ幸福にせよ、何かを当然のこととして「求め」たり「所持」したりするのは、個々人だからである。

客観的な観点から主体的な観点へ、という福沢のこうした観点の移動は、徳川封建体制の崩壊という当時の時代状況の変化と密接に関連するものといえよう。『西洋事情』の初編が書かれた慶応二年は、幕藩体制が揺らぎを見せながらも、身分的差別の枠組みそのものは依然堅固なものとして存続していた時代である。こうした状況下において福沢が〈ライト〉の思想に出会い、そこに社会生活の理想を見出したとき、彼は理想と現実との、当為と存在との大きな隔たりを自覚したにちがいない。当時福沢は、幕府の外国方翻訳局に勤務する吏員であった。幕臣として封建的制度の内部に身をおく彼にとって、個々人が〈法〉によって平等にそれぞれの〈ケンリ〉を保障される世界は、外部にある遠い世界であらざるをえなかった。だから彼は、〈ケンリ＝法〉を外側から、つまり客観的な観点から理解せざるをえなかったのである。

しかしその福沢も、幕府にとって代わった新政府が次々と打ち出していく政策を目の当りにしたときには、〈ケンリ＝法〉の実現を強く予感したにちがいない。そして、〈ケンリ＝法〉の世界が彼にとってリアリティーを持つようになるその度合いに応じて、この世界の内部に自らの視座を移してゆくことができたにちがいない。明治政府は、積極的な開国の方針をとるとともに、いち早く封建的身分差別を撤廃し、営業の自由を認める政策を打ち出している。彼が身分的差別撤廃政策の実施を知った時期が『西洋事情』二編を書く前なのか後なのか、微妙なところであるが、その気運は膚《はだ》で感じていたと思われる。しかも当時の福沢は、洋学塾の塾長として、そこに独自の世界を形成していた。形成されたこの世界は、当然、〈ケンリ＝法〉の尊重を旨とする世界であったであろう。このとき〈ケンリ＝法〉の世界は、彼にとってもはや外部にある世界ではなかった。こうしてこの世界の内部に定位した彼は、この世界の内部から、まだ〈ライト〉の思想を知らない外部の人々に対して、この思想の普及と浸透をひとつの要求として掲げるのである。この要求を実現すべく書かれたのが、『西洋事情』二編であり、『学問のすゝめ』であった。

3 「権」としての〈ライト〉

『学問のすゝめ』を読むと、しかし我々は奇妙な事態につきあたる。この書の二編（明治六年出版）では、福沢は〈ライト〉の訳語として新たに「権理通義」や「権理」の語をあて、三編では「権理通義」を縮めた「権義」という語を用いているからである。不思議に思われるのは、ここで彼が「力」を意味する「権」の語をことさらに付加していることである。というのも、『学問のすゝめ』の福沢は、〈ライト〉の思想に「力による支配の排除」という理念を読みとり、この理解に立って自己の主張を展開しているからである。たとえばその二編で、彼は次のように述べている。

貧富強弱は人の有様にてもとより同じかるべからず。しかるに今富強の勢いをもって貧弱なる者へ無理を加えんとするは、有様の不同なるが故にとて他の権理を害するにあらずや。これを譬えば、力士が我に腕の力ありとて、その力の勢いをもって隣の人の腕を折るが如し。隣の人の力はもとより力士よりも弱かるべけれども、弱ければ弱きままにてその腕を用い自分の便利を達してさしつかえなき筈なるに、いわれなく力士のために腕を折らるるは迷惑至極というべし。

人は力のあるなしに関わりなく皆平等に生存・自由等の〈ライト〉を持つ、という主張が〈ライト〉の思想の根本であり、したがって〈ライト〉とは〈力〉の論理の排除という理念の上に成り立つ概念であるということ、——このことを福沢は強調しようとしている。そしてこの思想を、まさしくそのような思想として普及させようと意図している。にもかかわらず、彼はなぜ〈ライト〉の訳語として「権理」や「権義」の語を用いるのであろうか。

この問題について考えるためには、当時の翻訳事情を考察の射程に入れなければならない。〈ライト〉に「権」の訳語をあてることに関しては、柳父《やなぶ》章《あきら》『翻訳語成立事情』の言うように、幕末当時すでに漢訳に先例があり、西周がこれを踏襲している。西はオランダ留学のおりにフィッセリングの「万国公法」についての講義を記録にとどめ、これを帰国後に翻訳して明治元年に出版しているが、その中で〈ライト〉に相当するオランダ語のregtに「権」という語をあてている。柳父は、西が「権」イコール「力」であることを知りながら漢訳を踏襲したとし、その理由として、西の訳出しようとしたオランダ語のregtが公法上の用語だったこと、また、regtがドイツ語やフランス語と同様、〈法〉という意味を持つ語であったことをあげている。この指摘は興味深い。この指摘は、西の「誤訳」の背景に、〈ライト〉の思想そのものが持つ力学的な構造が深く関係していることを示すものだからである。〈ライト〉の思想が持つ力学的構造、それは、この思想が〈力〉の原理を排除しようとするものであるのに、そのために〈力〉を必要とする、という一見パラドクシカルともみえる構造である。各国の〈レグト（＝ケンリ）〉を保障するのは、国際公法としての〈レグト（＝法）〉であるが、その〈レグト（＝法）〉は、〈力〉に支えられてこそ実効をともなったものになる。したがって〈力〉は、〈レグト（＝法）〉と切り離すことができない。また同様に、〈レグト（＝法）〉によって保障される各国の〈レグト（＝ケンリ）〉も、〈力〉との関係をぬきにしては考えることができない。――西がregtに「権」の訳語をあてた事情には、こうした構造についての西なりの理解が大きく反映していると考えることができるのである。〈ライト〉の思想と〈力〉の論理との密接な関係を、西は敏感にかぎとっている。

しかし西は、「力による支配の排除」という〈ライト〉の思想のもう一つの側面を見逃しているわけではない。『万国公法』の訳文には、たとえばこう述べられている。各国は他国に対して「特立（＝独立）自主の権」を持っており、したがって各国は「互に相対し匹敵平行の権」を持っている。そしてこの「匹敵の権」は、「国の大小、勢の強弱、制度の差異、君位称号の異なり」などによって増減することはない、と。

ここで西は、排除されるべき力を「勢」と訳し、regt の訳語としての「権」とははっきり区別している。「勢」とは、元来「草木を生長させる力」を意味する語であり、これに対して「権」は「軽重を支配するはかりの分銅」を意味する語である。漢学の素養のあった西であるから、訳出にあたって彼は、当然こうした原義のニュアンスの相違を念頭においていたであろう。そして、彼がこうした区別に則って二つの〈力〉を訳し分けているとしたら、彼は〈ライト〉を、弱肉強食の「野蛮な力」を排除する「理にかなった力」として受けとっているということができよう。羊のような弱小国に襲いかかる狼のような強大国の力、それは「草木を生長させる力」と本質的に異ならない野性の力であるが、そのような力が「軽重を支配するはかりの分銅」になって人間の世界のものごとを左右することは、あってはならないことなのである。

ところで、西とともにオランダに留学し、フィッセリングに学んだ津田真一郎（真道）は、国法学についてのフィッセリングの講義録を、帰国後『泰西国法論』と題して出版している。訳了が慶応二年、刊行が明治元年であるが、その凡例の中で彼は、「ドロワ、ライト、レグトは本来正直の義にて、正大直方自立自主の理を伸る意を含む」とし、「法学はただ事の曲直理の当否を」論じるべきものだとしている。ここに示されているのは原義に忠実な解釈であるが、しかし彼はまた次のように付け加えている。ドロワ、ライト、レグトは「義の対にして権と訳すべし。たとえば券主は償うべき義あり債主はこれを責める権あるがごとし。法学中この意に用いる所もっとも多し。故に法学またこれを権学と訳すべし」。津田は〈ライト〉を義務としての「義」と対比することによって、〈ライト〉と〈力〉との密接な関係を示そうとしている。借金の借り主は貸し主に対して返済の義務を負い、貸し主は借り主に対して返済を強制すべく力を行使する十分な理由を持つが、この理にかなった〈力〉の行使が〈ライト〉の行使にほかならない、というのが津田の見解である。津田が西と同様、「権」の語を「力」の意味で用いていることは、彼がこの書の訳文で「国権を別て三権とし これを制法・行法・司法の三権という」と書いていることに示されている。ここに述べられているのは、いわゆる「三権分立」(separation of the three powers）の考え方である。この考え方は、国家の政治権力（パワー）を集中させまいとする考え方であり、それゆえ津田が訳語として用いる「権」も英語でいえばパワー、ドイツ語でいえばゲバルトであって、ライトやレヒトではない。

津田も西も、〈レグト〉に「権」の訳語をあてることによって、〈レグト〉と〈力〉との不可分の関係を強調しようとしている。津田は国内法の観点から、西は国際公法のインターナショナルな観点からこのような理解に達したが、両者の理解の一致は、各自の理解の正しさを確信させるのに充分だったであろう。――もっともこうした理解の一致は、それだけでは、彼らに――特に津田に――〈レグト〉の訳語として「権」の語を採用させた強い理由にはならない。津田が〈レグト〉を〈力〉と密接な関係を持つものとして認識したとしても、彼は同時に「ドロワ、ライト、レグトは本来正直の義にて、正大直方自立自主の理を伸る意を含む」という認識も持っていた。この二つの認識から、彼は〈レグト〉を「理にかなった力」と解したといえようが、これに「権」という訳語をあてることで、それが理にかなった力なのだ、という理解を背後へと押しやってしまっている。なぜ彼は〈レグト〉が「力」であることだけを強調し、それが理にかなった力であることを訳語上に反映させようとはしないのか。彼も西と同様「権」の語そのものに「理にかなった力」という意味を付与して用いているのだ、といった説明も可能かもしれない。だが彼は、すでに触れたように、「権力」を意味する語にも「権」の訳語をあてている。したがって、彼が実際に〈レグト〉としての「権」に独特の意味を込めて用いようとする意図を持っていたにせよ、いなかったにせよ、少なくとも言葉の上では、〈レグト〉は「権力」と等置されているようにしか見えないのである。

津田が、そして西が〈レグト〉の訳語として「権」の語を採用したとき、そこにあった強い理由は、国内法の観点であるよりも、むしろ国際公法の視野における彼らのリアルな洞察であったように思われる。国際関係の視野にたつとき、〈レグト〉の問題領域は、まさに各国の〈力〉と〈力〉との衝突の場として現れるからである。そして、そうしたインターナショナルな視野にリアリティーを与えたのは、国際情勢についての認識から来る彼らの強い危機意識であったと思われる。当時、アジア諸国には西洋列強の侵略の波が押しよせ、インド、中国などが次々と植民地化されている。帝国主義時代の幕あけを告げるそのような状況の下で、日本の独立の維持もまた危ぶまれる形勢にあった。西洋列強の侵略の脅威を前にして、日本はいかにして「特立自主のレグト」を守りうるか、——この深刻な課題意識が彼らの思考の展開にどれほどの作用を及ぼしているかは、西の次の言葉からもうかがうことができる。

今万国の公法恃むべしといえども、その公法をしてよくその用をなさしむるものは弾丸の力にあらざるなし。今修好の条規は頼むべしといえども、その条規にしてよくその力を維持せしむるものは独立の力にあらざるなし。しかしてよくこの独立を維持するものは海陸軍の軍隊にあらざるはなし。(『兵賦論』その六)

列強の〈力〉に対抗して日本の「特立自主のレグト」を守るためには、それに比肩する〈力〉の形成をもってするしかない、――そう西は考えている。こうした状況認識と危機意識とは、しかしひとり西だけのものではなく、また(明治政府の首脳たちを含む)当時の大部分の知識人のものであった。幕末に日本がアメリカの強大な武力によって開国を強いられ、さらに不平等条約を結ばざるをえなかったことが、まだ鮮烈な、屈辱感をともなった記憶として人々の間に残っていた時代である。日本の対外的立場についての危機意識は、当時の時代精神の最大の形成要因であったといえるであろう。

福沢にしてもその例外ではない。とくに福沢は、幕末、幕府の遣欧使節に随行し、寄港地の香港で、現地人が「全く英人に使役せらるるのみ」といった光景を目の当りにしている(『西航記』)。当初から積極的な開国論者であった福沢であっても、西洋列強の圧倒的な軍事力を、日本の独立の〈ライト〉をおびやかす脅威として深刻に受けとめないわけにはいかなかった。福沢は、西と危機意識を共有し、その限りで〈ライト〉に関する理解を共有している。この理解は、『学問のすゝめ』の初編にも如実に反映されている。ここで福沢は、次のように述べるのである。

天理人道に従って互いの交わりを結び、理のためにはアフリカの黒奴にも恐れ入り、道のためにはイギリス、アメリカの軍艦をも恐れず、国の恥辱とありては日本国中の人民一人も残らず命を捨てて国の威光を落さざるこそ、一国の自由独立と申すべきなり。

福沢は、読者である日本の国民に対して、列強の侵略に対しては徹底抗戦すべきだ、と唱えている。軍事力の差は歴然としているのだから、いざ戦いともなれば死は免れないが、それでも敢然と戦うべきであって、ぜひともそうすべきであるのは、侵略という行為が国の〈ライト〉を侵害する行為だからである、――そう福沢は主張している。ここに示されているのは、「〈力〉に対抗するためには、〈力〉をもってするしかない」という考え方である。もっとも福沢は、ただいたずらに玉砕の精神だけを唱えるようなアンチ合理主義者ではなかった。だから彼は、三編で次のように述べるのである。

貧富強弱の有様は、天然の約束にあらず、人の勉と不勉とによって移り変るべきものにして、今日の愚人も明日は智者となるべく、昔年の富強も今世の貧弱となるべし。古今その例少なからず。我日本人も今より学問に志し、気力をたしかにしてまず一身の独立を謀り、したがって一国の富強を致すことあらば、なんぞ西洋人の力を恐るるに足らん。

ここでは福沢は、西洋列強に対抗するために、日本の国民は国力の増強をめざして努力すべきだと主張している。この主張は、玉砕の精神を説く初編の考え方と相容れないように見える。しかしこの二つの見解は、いずれも「力をもって力に」対抗しようとする点で通じ合っている。日本の「富強」について述べた三編の文章は、この〈力〉の「形」を整える必要について説くものであり、これに対して玉砕の心構えについて述べた初編の文章は、この〈力〉を行使しなければならない場合の「精神」について説くものであって、あくまでも彼は、〈力〉によって列強の〈力〉に対抗すべきだと主張しているのである。

〈ライト〉は「求むべき理」であり、「求めても当然のこと」であるが、〈理〉を受けつけない〈力〉の現実がある。この現実の中で〈理〉を貫こうとすれば、〈理〉は〈力〉を恃まざるをえない。〈ライト〉は、〈力〉の論理を排除する〈理〉であると同時に、〈理〉の要求を実現するように迫る〈力〉でもあらねばならない——。福沢と西の理解が一致するのは、この認識においてである。国際情勢の認識において福沢が西と同様、〈ライト〉と〈力〉との密接な関係を見てとっていたとすれば、『学問のすゝめ』が〈ライト〉に「権」の語をあてていることはなんら不思議なことではない。

福沢が〈ライト〉の訳語として「権」の語を用いたとき、彼もこの語に独特の意味付与を行っている。〈理〉と結びつく力は、排除されるべき力とは違った独特の「正当な力」であると彼は考え、この「正当な力」を意味する語として「権」の語を使っている。だから彼は、言葉の上でもこの二種の力の相違をきわだたせようとしている。『学問のすゝめ』二編の中で、彼は次のように述べていた。強者が「力の勢い」や「富強の勢い」によって弱者に「無理」を加えようとするのは、弱者の「権理」を侵害することにほかならない、と。福沢は、排除されるべき力を表すのに「勢い」の語を用い、〈ライト〉としての「権」とははっきりと区別している。この点でも彼は、

『万国公法』の西と見解を共有するのである。

4 「利」と〈ライト〉

以上が「権」の訳語にまつわる特殊日本的な事情である。さて「利」に関してはどうであろうか。西は明治八年刊行の『人世三宝説』(『明六雑誌』第三十九号)において「権利」の訳語を用いている。しかし、この頃には「権利」の語はすでにかなりの程度普及しているから、これが西の独創になるものとはみなしがたい。(たとえば、明治七年の「立志社設立の趣意書」には、「それ政府なるものは、畢竟《ひつきよう》人民の権利を保全せんが為に設立せらるるものにして」云々と謳われている。)

福沢はどうか。彼は『学問のすゝめ』においては、明治七年出版の四編で、一箇所だけ「権利」の語を用いているが、これを除けばほとんどすべての場合〈ライト〉に「権理」や「権理通義」や「権義」の訳語をあてている。福沢にとっては、〈ライト〉は何よりもまず〈理〉であり、〈義〉でなければならなかったのである。

しかし、だからといって福沢に〈ライト〉を「利」との密接な結びつきの中で捉えようとする発想が見られないかといえば、そうではない。彼は『学問のすゝめ』の二編で、次のように述べていた。貧富や強弱は人の「有様」であり、もとより同等ではありえないが、たとえ弱者であっても「弱きままにてその腕を用い自分の便利を達してさしつかえなき筈」であって、強者が「力の勢い」によって弱者に無理を加えようとするのは、弱者の「権理」を侵害することである、と。明治三年の『西洋事情』二編で、福沢が、〈ライト〉は「求めても当然のこと」「当然に所持する筈のこと」という意味を持つ言葉であると説明を加えていることについてはすでに触れたが、この「求めても当然のこと」「当然に所持する筈のこと」には各人の「便利」が含まれる、というのが『学問のすゝめ』における福沢の見解である。この見解は、以下の文章にも現れている。

政府は国民の名代にて、国民の思うところに従い事をなすものなり。その職分は罪ある者を取押えて罪なき者を保護するより外ならず。即ちこれ国民の思うところにして、この趣意を達すれば一国内の便利となるべし。(『学問のすゝめ』六編)

国民の〈ライト〉を保護する政治形態、それは、政府が「国民の名代」としてあるような体制であり、この政府の基本目標は国民の「便利」の配慮におかれなければならない、——そう福沢は考えている。この考え方を、彼はイギリスの啓蒙書から学んだものと思われる。彼はイギリスの書店チェンバーズから出た経済書を翻訳し、これを明治元年に『西洋事情』外編として刊行している。その中には次のような文章がある。

政府の体裁は各々相異なるといえども、その大趣旨は前にも言いし如く、ただ人心を集めてあたかも一体と為し、衆民の為めに便利を謀るより外ならず。

ここで「その大趣旨は前にも言いし如く」とあるのは、この文章のすぐ前に「人々の通義」と「政府の起りし本源」との関係について述べた文章があり、その中で「政府とは人心を集めて一体と為し、力を以て衆人の意を達せしむる所以のものなり」と述べているからである。イギリスの一啓蒙書が、確実に福沢という思想家の思想形成に影響を与えていることが分かる。

西洋思想との関連という角度から考えるとき、だがここでもう一つ注目しなければならないことがある。それは、津田が『泰西国法論』においてすでに「権利」という語を用いていることである。この書の訳文の中で、彼はほとんどの場合〈レグト〉に「権」の訳語をあてているが、数箇所、「権利」という語を用いている。もっとも、彼がこの「権利」の語を、〈ライト〉に対応する独立した訳語として自覚的に用いているかどうかは疑わしい。たとえばこの語は次のような形で用いられている。「治道とは国中諸人権利平安を保ち国内秩序正しく民利増長するために国家のあまねく心を用いるをいう」。「国家に対して住民有するところの通権。（……）国家よろしくその経理するところの資用をもって総国の幸福を増益し、つとめてその自立を保ち国民の権利平安を護り国中の秩序を正し（……）国益を増殖すべし」。〈レグト〉に「権」の訳語をあて、この「権」に「理にかなった力」という意味を込めて用いる津田の通常の用語法を考え合わせれば、彼はこの「国民の権利平安」という語で、「〈レグト〉という理にかなった力によって保護されるべき、国民の利と平安」という意味を表現しようとしていると考えるのが自然であろう。ここに示されているのは、〈レグト〉を「国民の利を保護する理にかなった力」とみなす見解である。〈レグト〉を利との密接な関係において捉えるこの見解は、いま引用した津田の訳文全体が提示している見解でもある。この訳文は、「国民の利を増大し、全国民の幸福を増大することが国家のなすべきことであり、国家に対してそれを要求することは、国民が共通に持つ〈レグト〉である」と述べているからである。

彼は他の数箇所では、「権利」の語を次のような形で用いている。「律法上に万人同権と云う事」の「本義」は、「律法各人の権利を保護する事同一にして絶えて依怙贔負なきをいうなり」。ここでは津田は、「権利」の語を——確定した訳語として使おうというはっきりした意思にもとづいてそうしているかどうかは別として——〈レグト〉の訳語として用いているとみなしてもよいであろう。法律が万人に対して平等に保護するのは、各人の〈ライト〉であり、つまり〈レグト〉にほかならないからである。問題は、この「権利」という訳語が〈レグト〉に対する津田のどのような理解から採用されたかである。それは、彼が「国民の権利平安」という語を用いたときにあったのと同じ理解から、つまり、〈レグト〉を「国民の利を保護する理にかなった力」として受け取る理解からであるといえよう。彼は〈レグト〉を何よりもまず「利を保護する力」として受け取り、こうした理解にもとづいて〈レグト〉に「権利」の訳語をあてるのである。

以上のような事情を考慮するとき、興味深いのは、加藤弘之が『立憲政体略』（明治元年出版）と『真政大意』（明治三年出版）の中で「権利」の語を用い、しかもこの語を〈ライト〉に対応する語として、はっきり前面に出していることである。この加藤の用語法は、『西洋事情』外編と『泰西国法論』からの影響によるものではないか。『立憲政体略』を書く段階で、加藤が『泰西国法論』を読むことのできる状況にあったことは確かである。『泰西国法論』の訳了は慶応二年であるが、このとき加藤も津田も幕府の洋書調所という同一組織に属し、洋学の摂取・紹介という同一業務に携わっている。また、『真政大意』には福沢の『西洋事情』外編についての言及があり、加藤がこの翻訳書を読んでいたことがはっきりと示されている。(『立憲政体略』のほうは『西洋事情』外編と同年の出版であるが、前者の前書きの日付が同年の七月となっているのに対し、後者の出版が同年の五月以降と推定されるから、加藤がこの書を著したときに福沢の翻訳書を読んでいたと推測することも充分に許されるであろう。)

事実関係はさておくとしても、『立憲政体略』と『真政大意』とにおける加藤の見解が、これらの翻訳書に示された見解とかなりの類似を示していることは否定できない。『立憲政体略』は、政体を「君主擅制」、「君主専治」、「貴顕専治」、「上下(君民)同治」、「万民共治」という五つに分類した上で、「上下同治」(=立憲君主制)と「万民共治」(=民主制)を望ましい政体であるとし、その論拠として、これら二つの立憲政体においてだけ人民は「権利」を有することができるから、という理由をあげている。一方『真政大意』は、「君主擅制」や「君主専治」を退ける論拠として、これらの専制政体においては「人民の利」が奪われるから、という理由をあげている。この二つの見解に示されているのは、加藤が〈ライト〉を「利を保護する力」という意味に解している、ということである。国家が人民の〈ライト〉を保護することは、国家が人民に「利を保護する力」を認めることであり、人民の〈ライト〉を侵害することは、人民から「利を保護する力」を奪うことである、というのが加藤の理解である。だから彼にとっては、「権利」こそが〈ライト〉の最も適切な訳語であったのである。

この加藤の理解をよく示しているのは、『真政大意』における彼の「権利」概念の基礎づけの仕方である。この書は、「人の天性から国家・政府の起こるゆえんの天理」を知ることが「治術の大基本」であることを説くものであるが、そうした全体の文脈の中で、加藤は、「不羈自立を欲する情」と「幸福」という二つの概念にもとづいて「権利」概念の基礎づけを行っている。彼が示そうとするのは、「不羈自立を欲する情」が人間の天性における情のうち最も大なるものであること、また、この情が「一身の幸福を招くべき紹介〔=なかだち〕となるもの」であり、したがって「結構な情」であること、それゆえに人は貴賤・上下・貧富・賢愚の別なく、だれもが「この情を施す権利」を持たなければならない、ということである。「権利」は幸福を求め、自己の利を求める人間の本性にもとづくものであるために正当性を持つ、というのが加藤の見解なのである。

　フィッセリングの講義録やイギリスの啓蒙書が加藤に影響を与えたか否かは別として、彼が〈ライト〉に「利」の意味を読み込み、「権利」という訳語をあてたとき、そこには特殊日本的な事情も大きな作用を及ぼしていたと考えることができる。というのも、加藤は〈ライト〉の思想を、国力形成の手段として捉えようとしているからである。国家的な〈力〉を形成する手段として捉えられた〈ライト〉の思想は、「権理」の思想ではなく、「権利」の思想でなければならなかった。国民の「利」を保護する政体が樹立されれば、自己の「利」を求める国民の心はおのずと国家へと統合され、そこに西洋列強に対抗するための大きな力が形成される、と加藤は考えるのである。

　こうした見解が端的に示されているのは、文久元年に書かれた『鄰艸《となりぐさ》』においてである。この書の中で加藤は、清朝（に名を借りて日本）への立憲君主制の導入が必須であることを説いているが、それは、この政体における「公明正大」の尊重が、「人和」という最も有効な「武備の精神」を生み出すと考えられたためである。列強の〈力〉に対抗するために、彼は武備を整える必要を説き、そのためには砲銃・船艦といった「武備の外形」の製造よりも、むしろ「武備の精神」の醸成が急務であると主張する。そして、この武備の精神である「人和」を形成するためにこそ必要なのが、「公明正大」を旨とする立憲君主制の導入だというのである。「英仏の勢はますます猖獗《しょうけつ》となり」、清朝は「西洋諸国のために軽侮せられ、かつて無知浅慮患うるにたらざる夷狄禽獣などと卑視せし英仏のために攻撃せられて、しばしば敗衄《はいじく》を取る〔=敗北をする〕」にいたっている、と加藤は書くが、こう書きながら彼は、清朝の姿に、明日の日本の姿を重ね合わせている。『鄰艸』にはまだ「権利」の概念は見られないが、〈ライト〉を「権利」として解釈する観点が立憲君主制の確立をめぐる思索の中で見出されたものであることを考えれば、加藤において〈ライト〉の思想は、何よりもまず国家的な〈力〉の形成の前提条件として捉えられていたと見ることができるのである。

さて、以上で我々は、〈ライト〉概念の受容にまつわる思想的状況をひととおり展望したことになる。こうして「権利」および「権理」という訳語の背景的思想が多少なりとも明らかになったいま、我々は考察を次のステップへと進めねばならない。今後我々がなすべきことは、「権利」ないし「権理」の思想を西洋の近代から現代までの〈ライト〉の思想世界におき入れ、これらの概念を互いに突き合わせてみることである。それによって、これらの概念間のどのような相違が、あるいはどのような共通点が浮かび上がるであろうか。相違が見られる場合、それはこの概念がおかれた特殊日本的な事情に由来するともいえるであろうが、それはまた〈ライト〉の思想が具体的な現実世界の中でたどる展開の必然性に属するものであるかもしれない。「権利」ないし「権理」の思想は、その後の日本的現実の中でいくつかの困難に出合うが、この困難は、〈ライト〉の思想そのものに含まれる困難と関係のないものなのかどうか。もし関係があるとすれば、それは〈ライト〉の思想の本質とどのような関係を持つのか。——そういったことの考察を通して、〈ライト〉の思想を脱構築し、その思想的根拠を明るみに出そうというのが、我々のねらいである。この考察は、一つのクロスオーバー、あるいはフュージョンに似た性格のものになるであろう。

第二章　利の追求と共同の論理

1　「権利」と「権理」

〈ライト〉を「権利」として、つまり「利を保護する力」として捉えることは、個々人の〈利〉に優先的な価値をおくことを意味する。こうした価値評価は、〈ライト〉の日本的受容を特徴づけるものではあるが、それ自体としては特殊日本的な価値評価だというわけではない。前章で私は、〈ライト〉に「利」や「力」を読み込むことは一つの解釈だと述べたが、「利」に関してこの日本的解釈と近似する考え方を西洋思想の中に探っていくと、我々は福沢の翻訳したイギリスの啓蒙書に、また津田の翻訳したフィッセリングの国法学講義に、そしてさらにはロックの自然法思想に行き当たる。ロックは人間の〈ライト〉を、絶対的規範である自然法に由来するものとみなし、この自然法を、「自由で理知的な行為主体を彼本来の利益へと導くもの」として捉えている。ここに見られるのは、個々人の〈利〉に価値をおく評価の観点であり、この観点からの、自然法に対する、したがってまた〈ライト〉に対する一定の解釈である。福沢の翻訳したイギリスの啓蒙書が〈ライト〉と人民の「便利」との密接な結びつきについて述べていること、そして津田の翻訳したフィッセリングの講義が〈レグト〉と国民の「利」との密接な関係について述べていることについてはすでに触れたが、これらの見解もそうしたロック的思想の伝統を受け継いだものと見ることができる。

この種の価値評価に関しては、それを支持する人もいれば、支持しない人もいるであろう。支持しない人は、社会規範の基礎を、利害とは別のところに求めようとする人々である。〈ライト〉を「利を保護する力」として捉えて、個々人の〈利〉に優先的な価値をおくことは、社会規範の基礎を個々人の〈利〉に求めることを意味する。彼らが拒否するのは、このような規範の捉え方である。我々は道徳的動機から、自己の利をなげうって他者のために行為することがある。彼らはもっぱらこうした行為に価値を認め、こうした行為を支える道徳的正義こそが社会規範の基礎におかれるべきだ、と考える(「汝ら隣人を汝自身の如く愛せよ」!)。

他方、この種の価値評価を支持する人は、人間の本性を利己的なものとみなし、この本性を肯定的に捉えようとする人々である。我々は皆自己の利の増進を願っており、他者のために自己の利をなげうつかのように見える行為も、利己的行為の一様態にすぎない、と彼らは考える。彼らからすれば、そうした行為の動機となる道徳的義憤は、自己の利の増進を可能にする一定の社会規範を否定するような行為に対して向けられたものであり、要するに一種の自己防衛的感情にほかならない。我々はだれもが自己の利を求め、自己の利の増進を可能にするような社会規範を求めているのであり、そうである以上、この規範の基礎は〈利〉におかれねばならないのである。

だが、〈利〉は、規範の基礎におかれるとき、〈ライト〉の思想を実現する原理としてはきわめて不充分なものであることが明らかになる。というのも、〈利〉を基礎とする規範は、どのような〈利〉の追求をも等しく容認しなければならないからである。強者が自己の〈利〉を追求して、「力の勢い」や「富強の勢い」によって弱者の〈利〉を害したとしても、〈利〉を基礎とするこの規範は、強者のこの行為を退けることはできない。退けようとすれば、それは強者の〈利〉を害することになり、〈利〉を基礎とするこの規範は自己矛盾に陥ってしまう。強者のこのような行為を退けるためには、それが「不当な利の追求」であることが示されねばならない。しかし〈利〉の原理は、〈利〉の追求に対して、「正当」と「不当」との境界を設けることができないのである。

〈ライト〉を「権利」として捉える加藤的解釈に対して、福沢が疑問を感じたとすれば、そこに働いたのは、こうしたアポリアに対する直観的な洞察であったといえよう。『学問のすゝめ』初編の中で、福沢は自由と我儘との違いについて述べ、その違いは「他人の妨げをなさない」という「分限」をわきまえているかどうかにあるとしている。彼が〈ライト〉として認める正当な行為は、各人の自由な利の追求であるから、この考え方からすれば、「正当な利の追求」と「不当な利の追求」との違いは、それが「他人の妨げをなさない」という「分限」をわきまえているかどうかにある、ということになる。福沢にとって、「正当」と「不当」との境界は、そうした「分限」の遵守のいかんにほかならなかった。〈利〉は各人の〈ライト〉であり、「求めても当然のこと」なのだが、そこには「他人の妨げをなさない限りで」という制約がつねに不可欠の条件として付されねばならない。各人にこの条件の遵守を課するのは、「理」以外の何ものでもなく、この「理」こそが規範の基礎におかれるべきものなのである。福沢にとって、〈ライト〉が「権利」ではなく、「権理」・「権義」でなければならなかったのは、このような理由による。

ここで気づくのは、福沢の解釈と、現代の法哲学者ドゥオーキンの理解とのかなりはっきりした共通性である。すでに触れたように、ドゥオーキンは、〈ライト〉の意味の独自性を、他者の干渉の排除という点に見ていた。「彼はそれをする〈ライト〉を有する」と述べることは、「彼がそれをすることに干渉することは不正である」と述べることに等しい、というのが彼の見解であった。この見解に立脚すれば、或る規範が「各人は自己の利を追求する〈ライト〉を有する」と言明することは、「各人が自己の利を追求することに他者が干渉することは不正であり、許されない」と言明することに等しい。「分限」についての福沢の言説は、こうした見解に対する福沢なりの表現と見ることができる。「自国の富強なる勢いをもって貧弱なる国へ無理を加えんとするは、いわゆる力士が腕の力をもって病人の腕を握り折るに異ならず、国の権義において許すべからざることなり」(『学問のすゝめ』三編)と述べる彼の言葉にも、〈ライト〉の思想に対する同様の理解がはっきり示されている。

　付け加えておけば、加藤にもこのような理解は存在する。『真政大意』において加藤は、「権利」を主張することの正当性とともに、「他人の権利を敬重する」という「義務」を遵守することの必要性を強調し、「権利・義務ともに相まちて真の権利にもなり義務にもなる」と述べている。彼がこのように「義務」の遵守をも同時に強調するのは、〈利〉を規範の基礎におくことの問題性を彼が充分に自覚しているからである。個々人の〈利〉の追求には一定の制限を課することが必要であり、この制限こそが規範の基礎におかれねばならない、というのがここにある見解である。――この加藤の見解と、福沢の見解とは、いったいどう違うのか。理解の実質においては、両者にほとんど違いはないと見るべきであろう。加藤と福沢の分岐点は、この理解の実質を表現する概念の相違にある。加藤は、「権利・義務ともに相まちて真の権利にもなり義務にもなる」と述べることによって、単なる「権利」と「真の権利」とを区別する観点を提示している。このことは、「本来の〈ライト〉は、単なる権利と同じものではない」と述べることと同じであり、これは福沢の見解と異ならない。この本来の〈ライト〉を、加藤は「権利」と「義務」とからなる複合概念として理解するが、福沢はそれを一つの単純概念として捉え、この概念を「権理」もしくは「権義」という語で表現するのである。

〈ライト〉の思想が各人の〈利〉の追求を正当なものとして認める反面、各人の〈利〉の追求に制限を課することを要求する、ということ、このことは、この思想の重要な側面をなす平等主義からの必然的な帰結であるといえよう。だれもが平等に自己の〈利〉を追求する自由を〈ライト〉として持ち、各人がこの自由を全面的に行使したとすれば、そこに利害の衝突が生じることは避けられない。平等主義を維持しながらこの事態を避けようとすれば、各人の〈利〉を追求する自由に一様の制限が設けられねばならないことになる。だからロックも、自然法を「自由で理知的な行為主体を彼本来の利益へと導くもの」としながらも、この自然法の内容として、「万人は平等で独立しているのだから、だれも他人の生命、健康、自由、あるいは所有物を損ねるべきではない」という制約条項をかかげるのである。

このように〈ライト〉の思想が各人の〈利〉の追求に相互的な制限を課するものであれば、規範の基礎を〈利〉におくことに反対する人々も、もはやこの〈ライト〉の思想には（積極的にそれを受け容れるかどうかは別として）反対しないであろう。そのように解釈された〈ライト〉の思想は、少なくとも形式的には（つまり動機を考慮に入れなければ）、人間である限りの一切の他者を尊重するような行為を各人に要求するものだからである。しかし、問題はその先にある。というのは、〈ライト〉の思想のこのような要求からは、我々の行為の具体的な指針は何ひとつ出て来ないからである。〈ライト〉の思想は、自己の〈利〉を追求する各人の行為に一定の制限を課することを要求する。だがそれがどのような制限であるかを、これまで考察した限りでの〈ライト〉の思想は、具体的には示すことができない。要求される制限とは、いったいどのような制限なのか。「他者の〈利〉を侵害しない範囲で」というのが、この

〈ライト〉の思想の一応の答えである。だが、行為を「他者の〈利〉を侵害しない範囲」に制限する、ということは、いったいどういうことなのか。我々の現実生活には、さまざまな利害の衝突が生じる。そのような場において、「利害の衝突を回避するように行為せよ」と当事者の各人に要求するのが〈ライト〉の思想である。だが、衝突を回避するために、〈ライト〉の思想はそれぞれの当事者に何を要求するのであろうか。

たしかに、強盗や窃盗、略奪や侵略といったケースでは、話は簡単である。この種の行為が退けられるべき不当な行為であることを、〈ライト〉の思想は示すことができる。だが、たとえば二人の人が或る土地の所有をめぐって争っている次のようなケースではどうか。Aは、この土地が自分の労働によって開墾された土地であり、現に自分がその上に生活を築いている、という理由から、この土地は自分に帰属する、と主張している。一方Bは、この土地がその昔は自分の先祖の居住地であった、という理由から、この土地は自分に帰属する、と主張している。――こうした問題は、今日の個人間ではほとんど見られないが、国家関係においてはしばしば登場し、紛争の種となる問題である。このようなケースに、〈ライト〉の思想はどういう対処を示すのであろうか。土地の帰属に関するA、Bそれぞれの主張を共に取り下げるように両者に要求するのであろうか。それとも、なんらかの規準によってどちらの「理由」が正当かを判定し、それにもとづいてＡ、Ｂいずれか一方の主張だけを認め、他方には自己の主張の取り下げを要求するのであろうか。あるいは、Ａ、Ｂのそれぞれに等分の所有を認め、半分の所有をそれぞれが放棄するように要求するのであろうか。そうでなければ、なんらかの算定方式を採用して、一定の割合での所有をＡ、Ｂに割り振るのであろうか。

2　全体優先か個人優先か

利害の衝突を調停する手段として、一つ考えられるやり方がある。それは、「社会全体の利」を裁定の基準として立てて、「或る行為（ないし決定）が社会全体の利を増進するならば、その行為（ないし決定）は正しい」とすることである。この原則に従えば、いま例にあげた土地所有をめぐる係争のケースにも、一応の裁定を下すことが可能になる。Ａがこの土地で農業を営む意思を持っているのに対して、Ｂのほうはそのような意思を全く持たず、この土地を所有しても相変わらずそれを放置しておくだけだとすれば、この土地がＡのものになったほうが社会全体の利益を増進すると考えられるから、「この土地はAに帰属する」と判断するのが正しい裁定だということになる。

もっとも、この裁定が正しい、と言うことができるのは、「社会全体の利」を行為（ないし決定）の評価基準として採用することの妥当性を明示しうる場合である。では、「或る行為（ないし決定）が社会全体の利を増進するならば、その行為（ないし決定）は正しい」とする考え方は、〈ライト〉の思想的見地から見て、いったい妥当性を持つものなのであろうか。それは、〈ライト〉の思想から出て来る考え方なのであろうか。それとも本来〈ライト〉の思想とは合致しない考え方なのであろうか。——「権理」の思想家である福沢は、『学問のすゝめ』の二編で次のように書いている。

元来人民と政府との間柄は、もと同一体にてその職分を区別し、政府は人民の名代となりて法を施し、人民は必ずこの法を守るべしと、固く約束したるものなり。たとえば今、日本国中にて明治の年号を奉ずる者は、今の政府の法に従うべしと条約を結びたる人民なり。故に一たび国法と定まりたることは、たとい或いは人民一個のために不便利あるも、その改革まではこれを動かすを得ず。小心翼々謹みて守らざるべからず。これ即ち人民の職分なり。

ここに示されているのは、個々人が利己心にとらわれることを戒めようとする姿勢である。人民の「便利」をもたらすことが政府の職分であると説く福沢が、政府の課する「不便利」の甘受を人民の職分として説くことは、一見すると矛盾であるように思われる。しかし福沢自身は、自己の主張に矛盾があるとはみなしていない。それは、彼が自己の主張を、「全体の利のためには、個々人の利は或る程度制限されねばならない」と主張するものとして理解しているからである。この主張は、「社会全体の利」に優先的な価値をおく観点からなされている。

「社会全体の利」に優先的な価値をおく観点は、また、「権利」の思想家である加藤にも見られる観点である。加藤は、「治術の大基本」について論じた『真政大意』において、政府と人民との間の権利・義務関係について触れて、政府は「天下の同利を興し、同害を除くことに従事すべき義務」を人民に対して持ち、人民は政府に対して「天下の同利をともに受くべき権利」を持つと述べている。「天下の同利」を「全人民に共通の利」ととり、これを「社会全体の利」と解するならば、加藤の見解は、「社会全体の利」を判断基準とするような政治方式を「権利」の思想に適った理想の政治方式とみなすものといえよう。

福沢や加藤のこうした見解は、特殊日本的な事情を反映したものと考えることができるかもしれない。西洋列強の侵略の脅威を前にして、日本が国家としての独立を維持すること、そして「国家の利」を守ることは、いかにして可能か、——このような課題意識の中では、「個人の利」よりも「社会全体の利」に優先的な価値をおく思考が生まれるのは或る意味で自然なことである。——だがそれならば、「社会全体の利」を行為（ないし決定）の評価基準にすえようとするこの考え方は、〈ライト〉の思想の土壌とは全く別の土壌に根ざした考え方であり、〈ライト〉の思想とは何のつながりも持たない考え方なのであろうか。はたしてそれは、特殊日本的な条件という支えを取り去れば同時にそれ自体の根拠をも失ってしまうような考え方なのであろうか。

顧慮すべきなのは、この考え方が持つ功利主義思想との類縁性である。功利主義にもいくつかの種類があるが、ベンサム的功利主義に着目すれば、この思想は次のような特徴を持っている。それは、（1）個人の幸福（ないし利益）を個人の快楽の総和と同じものと考え、（2）それを客観的に計量可能なものと考える。その上で、（3）社会の幸福（ないし利益）の増大に優先的な価値をおき、（4）それを、社会の成員の個々の幸福（ないし利益）の総和の増大と同じものと考える。たとえば病気の治療のために手術をしたり、健康を配慮して好きな食べ物の摂取をひかえたりする場合のように、我々はみずから苦痛を甘受し、あるいは快楽を犠牲にすることがあるが、それは我々が、自己の（長い目で見た）快楽の総和を増大しようとして、功利性に適合した行動をとるからである。それと同様に、立法者や政府の目的は、社会の成員個々人の幸福にではなく、その総和の増大におかれねばならない、――そう考えるのが功利主義の考え方である。

この功利主義に対しては、「功利計算は〔実際には行うことの不可能な〕一つの神話であり、実用に役に立たない」（マッキー『倫理学』）といった理論構成上の本質的な問題点が指摘されているが、その根本にある理念的な観点――「社会の幸福」の増大に優先的な価値をおく観点――までをも「一つの神話」だとして片付けてしまうわけにはいかない（マッキーは片付けているが）。功利主義は一時期、英米の思想界に大きな影響を与えている。そのとき受け容れられたのはこの観点であり、福沢や加藤の見解との類縁性が見出されるのも、この観点においてなのである。

だが、次の事実をどう考えるべきであろうか。まさに功利主義のこの観点こそが、現代の〈ライト〉思想の擁護者たちの徹底的な批判に晒されているその当のものだという事実である。ロールズは『正義論』において、「功利主義は個人間の差異を深刻に考えない」と述べている。というのも、功利主義は満足の総和を問題にするだけで、それを個々人にどのように分配すべきか、という問題を度外視するからである。自由に対する〈ライト〉を重視する立場からすれば、満足の総和を増大しようとして、多数者の満足の量の増大にのみ考慮が払われ、そのために少数者の自由が侵害される、などということはあってはならないことであるが、功利主義の観点からすればこのような事態も許されることになってしまう。(ロールズがここで念頭においているのはシジウィックの功利主義であるが、同様の批判はベンサムの功利主義に対しても当てはまるであろう。)

一方ノージックは、『アナーキー・国家・ユートピア』の中でほぼ以下のような見解を提示している。功利主義の考え方は、社会を実体化して捉える誤った観点にもとづいている。個人の場合には、より大きな利益のために、あるいはより大きな害を避けるために、苦痛や犠牲を甘受することがある。これと同じ対処を社会に対して求めるのが功利主義であるが、この考え方は、社会を個人と同様の存在する実体とみなすことから生じる。しかし、社会をそのように実体化することがそもそも誤りであって、存在するのは個々人だけなのである。「社会全体の善のために或る人の利益を犠牲にする」ということは、実際には「他の人々の利益のために或る人の利益を犠牲にする」ということにほかならず、功利主義がそれを容認するのは、個人を人格として尊重しないからである。「社会の善」という観念は、こうした真相を隠蔽する観念なのである。

また、ドゥオーキンは、『権利の重視』の中で、功利主義を、「権利に基礎をおく理論」の対極にある「目標に基礎をおく理論」の一種として位置づけ、次のように述べている。功利主義は、或る政治的決定が個々人の福祉に対して及ぼす効果を考慮し、この意味では個人の福祉に関心を払うが、この効果を全体的な福祉の総和へと溶解させ、その総和の増大を、個々人から全く独立した、それ自体で好ましいものと考える。だから功利主義は、「平等な配慮と尊重をもって扱われることに対するすべての人のライト」を重んじない理論なのである。

以上から分かるのは、今日の〈ライト〉思想の擁護者たちが、「社会全体の利」に優先的な価値をおく考え方を認めていない、という事実である。福沢や加藤の考え方も、おそらく彼らには認められないであろう。しかしこのことは、福沢や加藤の功利主義的な考え方が〈ライト〉の思想に反する考え方だということを意味するであろうか。留意しなければならないのは、功利主義に対するこれらの批判が、個人優先主義とでもいうべき見地にもとづいてなされていることである。もし〈ライト〉の思想が個人優先主義と全くイコールであれば、功利主義的な考え方は、たしかに〈ライト〉の思想に反しているということができる。功利主義は「社会全体の利」に優先的な価値をおく考え方であり、したがってそれは明らかに個人優先主義に反しているからである。しかし、この個人優先主義は、〈ライト〉の思想の本質に対していったいどのような関係を持つのか。問われねばならないのは、このことである。

3　個人優先主義の問題点

次のようなケースを考えてみよう。社会全体の利を増大させるためには社会的規模によるなんらかの投資が必要であり、それをしなければ社会全体の利が確実に減少すると予想される、というような場合である。この場合、実際に投資が行われ、その分だけ福祉政策に回される費用が削減されるとすれば、どうであろうか。個人優先主義者は、おそらくこの政策決定を非難するであろう。ここでは、福祉政策を必要とする一部の人々の個人的な利が、「社会全体の利」なるものによって損なわれるからである。それでは、個人優先主義者の言い分を認めて、投資を行わなかったとしたらどうか。投資を行ったときよりも、結果はもっと悪い。この場合には、社会全体の利が確実に減少し、その結果は成員個々人への経済的圧迫となって現れることになる。福祉を必要とする一部の人々の利が損なわれるだけでなく、すべての人の利が損なわれてしまう。

このケースは、個人の利を守ることと、個人優先主義的政策をとることとがイコールではない、ということを教えてくれる。個人の利を守ろうとすれば、むしろ個人優先主義的な政策をとらないほうがよい場合も存在する。個人の利を守ることが〈ライト〉の思想の主眼におかれているとすれば、個人優先主義が〈ライト〉の思想と直結しないことは明らかである。個人優先主義は、〈ライト〉思想の意図に背馳《はいち》するような結果をもたらすことすらあるのである。

いま我々は、本章の考察の出発点に立ち返るべきであろう。〈ライト〉の思想は、各人の利の追求を正当なものとして認めながらも、利害の衝突を回避するために、自己の利を追求する各人の自由に一定の制限を課するよう要求するものであった。問題になっていたのは、要求される制限が具体的にどのような制限なのか、ということである。その確定的な答えは我々には与えられていないが、少なくとも一つ確実に言えるのは、この制限がなんらかの共同性の場の形成を――各人の利の追求が共存的に成立しうるような共同性の場の形成を――目的とした措置だということである。だとすれば、各人の行為を制限することの根拠は、当然、共同性の場の確保という目的の内に求められねばならないことになる。各人が自己の行為を制限しなければならないのは、共同性の場を形成し維持するためなのである。共同体は、行為の規制を、自由の制限を、「義務」として各人に課する。だがこの制限の命令は、個々人の利の侵害を意味するものではない。むしろそれは、それぞれの利を守るための措置と考えられねばならない。自己の利の追求を〈ライト〉として主張しようとすれば、各人は、それぞれの主張の併存を可能にするような共同性の場を形成し、この共同性の場を維持すべく自己の行為を規制しなければならない。自己の利の追求を〈ライト〉として主張するためにこそ、我々は自己優先主義を捨てて、自己を共同体に帰属させねばならないのである。

共同性の場の形成は、だが、利害の衝突を回避し、個々人の利を守るため、という消極的な理由だけから必要とされるのではない。共同体の形成は、また個々人の利の増大のためにも求められる。協働によったほうが、財の生産性は確実に向上するからである。協働のシステムはそれ独自の利潤を産み出し、さまざまな協働システムの連関の全体、つまり社会は、それ独自の利を形成する。そして個々人の利は、この社会全体の利の分配という形でもたらされる。それゆえ我々が自己の利の増大をはかろうとすれば、我々はこの共同体の維持をはかり、社会全体の利を増進すべく配慮しなければならない。「社会全体の利の増進」という目的の達成は、我々個々人の利の増進という意図と分かちがたく結びついている。したがって、「社会全体の利」を行為(ないし決定)の評価基準にして、「或る行為(ないし決定)が社会全体の利を増進するならば、その行為(ないし決定)は正しい」とする考え方は、自己の利を求める我々の意図に合致し、それゆえ〈ライト〉の思想のモチーフにも合致する考え方なのである。

社会全体の利に優先的な価値をおく見方を〈ライト〉の思想の否定とみなす見解は、〈ライト〉の思想を個人優先主義と同一視する見方にもとづいている。たしかに、〈ライト〉の思想は個人尊重主義に立脚している、とは言えるであろう。しかし、個人尊重主義と個人優先主義とは同じではない。〈ライト〉の思想は、個人尊重主義にもとづいているとしても、我々に個人優先主義の放棄を要求する思想である。このことは、簡単な例によって示すことができる。たとえば我々の社会は、救急車や消防車に道路通行の「優先権」なるものを認めている。これは社会全体の利を考えての措置であり、ここでは完全に個人優先主義は否定されている。個人の通行の自由を優先させれば、

「社会全体の利」を理由にして特定の車に優先性を認めることは許されないことになろう。だが我々はそれを許し、救急車や消防車の通行によって我々の通行の自由に制限が加えられたとしても、それが我々の自由に対する不当な干渉であるとは考えない。自分が急病になったとき、あるいは自分の家が火事になったときのことを考えれば、この措置が我々自身の利に結びつくことは明らかであり、そのことを我々はよく知っているからである。

個人優先主義が絶対的なものとみなされ、〈ライト〉思想の無条件の公理とみなされてしまう理由を、我々はノージックの功利主義批判の中に明瞭な形で見ることができる。ノージックは、社会を個人と同様の存在する実体として捉える見方を誤りであるとし、存在するのは個々人だけだとしている。ここに示されているのは、社会を個人の集合体とみなす原子論的な見方である。この原子論的な見方は、「部分（個人）は全体（社会）に先立つ」という考え方に由来するものであり、それ自体が個人優先主義の表明にほかならない。したがって原子論的な見方をとる限り、個人優先主義は自明の前提となる。そしてこの前提が、〈ライト〉の思想の無条件の公理として受け取られるのである。

だが、この原子論的な見方は、社会に対する見方としてどの程度妥当性を持つものであろうか。たしかに社会は、個人と同様に存在する実体ではない。社会は、眼で見たり手で触れたりすることはできない、という意味でも、また、諸個人と同列に並んで存在するようなもう一つの個体ではない、という意味でも、その存在性格を個人とは異にしている。しかしこのことから、社会は存在する実体ではない、と判断するとしたら、それは誤りである。社会は個々人の生存の基盤として機能し、個々人の生活を、考え方や行為を、さまざまに規定している。もし社会が存在する実体ではないとしたら、非存在が我々の生存を支え、生の様式を規定している、と考えざるをえないことになるが、それは明らかに不合理である。また、個々人の生存を支え、その生の様式を規定するものが、個々人にとって「より後なるもの」である、と考えることも不合理である。生存が生存基盤の上にはじめて成り立つものである以上、「個人は社会に先立つ」と考えることはできない。仮に社会契約説の立場をとって、社会を個々人の契約によって成立したものとみなすとしても、同じである。社会契約の仮説は、社会の形成の起源を説明するものではあっても、社会と個人との存在論的な関係を示すものではないからである。

社会を「部分（個人）に先立つ全体」とみなす見方を「社会有機体説」といういささか時代がかった呼称で呼ぶとすれば、〈ライト〉思想の擁護者たちの間では原子論的見方が支配し、この社会有機体説はきわめて評判が悪い。原子論の立場がとられ、個人優先主義が自明の前提とされるとき、社会有機体説は〈ライト〉の思想を脅かすものとみなされることになる。それでは原子論はなぜ〈ライト〉の思想領域でそれほど支配的なものになるのか。その理由としてまず第一に指摘できるのは、我々が自由への欲求を持つ存在だということである。我々は自由でありたいと望み、自由であることを自己の本質であるとみなしている。我々は自己の〈利〉を追求するが、この〈利〉の核心には自由への欲求の充足があるといってもよい。我々は、他からの束縛を受けないアトム的な行為主体として存在することを欲するのである。だから〈ライト〉の思想は、何よりもまず我々の自由への欲求を満たすものでなければならず、我々がアトム的個人として存在することを可能にするものでなければならない、とみなされることになる。

だが、複数の人間がそれぞれ自己の自由への欲求を全面的に充たそうとすれば、それぞれの欲求は相互に衝突し、この衝突は避けられない。衝突を避けようとすれば、各人は自己の欲求に制限を課さなければならない。では、課せられるべき制限はどのような制限であるべきか、――この問題をめぐる思考が原子論的な見方の放棄を迫ることは、これまで見てきたとおりである。それにもかかわらず、なぜ原子論は根強いのか。その事情を、我々はロック『統治論』の思考の中に見ることができる。ロックは、人と人との関係を主に財の所有関係に則して考察し、財の所有関係をもっぱら開拓のモデルにもとづいて捉えている。たとえば彼は次のように述べている。

彼の身体の労働、彼の手の働きは、まさしく彼のものであるといってよい。そこで、自然が準備し、そのままに放置しておいた状態から、彼が取り出すものは何であれ、彼はこれに自分の労働を混合し、またこれに彼自身のものである何ものかを付け加え、それによってそれを自分の所有物とするのである。(……)彼のこの労働によって、他の人々の共有の〈ライト〉を排斥する何ものかがそれに付加されたのである。この労働は、疑いようもなくその労働をなした者の所有物であるから、彼の労働がひとたび加えられたものに対しては、彼以外のだれも〈ライト〉を持つことはできない。少なくともほかに共有物として他人にも充分に、そして同じようにたっぷりと残されている場合には、そうなのである。

ロックの理解によれば、或る人Aが自己の労働によって手を加えたものは、彼自身の所有に帰し、他者B、C等々の干渉を許さない排他的な特性を持つことになる。A

がひとたび手を加えたものにB、C等々が干渉しようとすることは、Aの〈ライト〉を侵害する不正な行為とみなされ、許されないことになる。こうして、〈ライト〉という鉄柵によって囲い込まれたAの排他的な所有空間が形作られ、同様にB、C等々の排他的な所有空間が形作られる。囲い込まれたそれぞれの空間は、各々不可侵のアトム的空間として、相互の干渉を許さない。〈ライト〉という鉄の柵が、固い殻のようにそれぞれの私的空間を保護するのである。——ここに示されているのは、個人の活動を排他的な私的領域の形成として捉え、〈ライト〉をこの私的領域のガードとして意味づけようとする考え方である。〈ライト〉を「他者の干渉から個人を保護するもの」として捉える見方は、個人を私的領域の形成者とみなす見方と相即不離の関係で結び合っている。〈ライト〉の思想領域に原子論が結びつくのは、こうした思考においてなのである。

ロックの原子論のなじみやすい自然さは、それが財の所有関係に定位していることから来ている。人が自己の労働によって産み出した財は彼自身の所有に帰し、彼はそれについて排他的な〈ライト〉を有する、という考え方は、個人優先主義者だけでなく、個人尊重主義者にとっても受け容れやすいものであろう。これは私にしても同様である。私が苦労をしてやっと手に入れた一カ月分の賃金が、いつしか他人によって使用されていたと知ったら、私は彼の行為を、私の〈ライト〉を侵害する不正な許されぬ行為とみなすだろう。

だがロックの原子論は、実は一つの困難をかかえ込んでいる。というのも、この考え方は、決して無条件に成り立つものではなく、むしろきわめて限られた前提の上にのみ可能になるような、普遍性を欠いた見方だからである。私的領域を形作る各人の活動がそれぞれアトム的なものとして併存しうる、というロックの想定は、彼自身も認めているように、一つの仮定によって支えられている。それは、「世界には昔から豊富な天然の糧があり、これを消費する人は少なく、そして一人の努力ではこの糧のほんのわずかの部分だけしか手に入れることができない」という仮定である。この開拓モデルを前提すれば、各人の所有と消費の活動は競合することなくアトム的に併存することが可能であり、したがって、他者の活動領域に侵入する行為をすべて不当な行為として規定する〈ライト〉の概念もたしかに意味を持つといえよう。

しかしこの前提を取り去ればどうか。原子論的な想定は根拠を失い、この想定にもとづく〈ライト〉の概念も確実に意味を失うことになる。資源に限りがあるとすれば、各人の生活活動が競合することは必至であり、そうなれば、他者の活動領域に侵入する行為をすべて不当な行為として規定することは不可能になる。そしてこのような状況が、まさしく我々の生存の現実なのである。利害の衝突が不可避であり、他者の活動領域への干渉が避けられないような我々の生存の現実において、干渉一般を否定しようとするだけの〈ライト〉の概念は、(理念的な要請として以外には) ほとんど意味を持たない。「ほとんどすべての資源が限られていて競争の的になっている世界では、ロックの理論には応用の場がない」(マッキー『倫理学』) ということになる。〈ライト〉の概念が有意味的に機能しうるとすれば、それはどのような干渉が不当な干渉であり、どのような干渉がそうでないかを示しうるものでなければならない。——こうして〈ライト〉をめぐる思考は、再び本章の考察の出発点に投げ返されるのである。

4 〈ライト〉と共同体主義

〈ライト〉の思想は、その実現を求める者に対して、共同性の場の形成を要請し、各人が原子論的な自己了解を放棄して、共同体に自己を帰属させるように要求する。共同性の場における承認こそが、〈ライト〉の現実性の根拠となる。ひとたび共同性の場において承認された各人の〈ライト〉は、ここでふたたび排他的な空間を形作る。形作られたこの排他的空間は、それぞれがいわば共同体という地の上に描かれた図であって、共同性の場に根を下しており、決して孤立したアトムとしてあるのではない。図としての〈ライト〉は、共同体という地によって支えられ、この地から切り離すことのできないものである。しかし、地が背景に退き、共同体の意義が我々の認識の視野から遠のくとき、そこに現出するのは、まさしく原子論的な光景である。〈ライト〉の思想領域において原子論がいつまでも生き残り続けるのは、そうした視覚の生理によるのではないか。

〈ライト〉の思想と原子論とのこうした混同は、しかし〈ライト〉の思想に対して少なからず不利な結果をもたらしたといわねばならない。〈ライト〉の地平の図だけが受け取られ、〈ライト〉の思想が原子論と混同されるとき、この思想は共同体を破壊する思想とみなされ、共同体主義者からの厳しい批判に晒されることになる。たとえば若きヘーゲルは、〈レヒト(=ライト)〉の思想を、ぜひとも克服しなければならない思想とみなし、「どうしたら〈ライト〉の思想を克服できるか」という問題意識の中で思索を進めている。彼の『法=権利の哲学』(『法の哲学』)の思想は、こうした問題意識の中で形成されたものである。〈ライト〉の思想が克服されるべき思想とみなされたのは、この思想が、人間関係に対立をもたらすものとして捉えられたからである。或る断章(「愛」)の中で、ヘーゲルはほぼ次のような見解を提示している。或る人Aが或る物Xを所有する〈レヒト（＝ケンリ）〉を持つ、という状態は、次のような二重の対立関係を含んでいる。（1）或る人Aが或る物Xを支配する、という関係。（2）或る人Aによって支配された物が、彼の所有物XAとして、あらゆる他者B、C…の干渉を排除する、という関係。つまり、或る物の所有者は、それに対する〈ケンリ〉を主張することによって、物との（支配・被支配という）対立関係の中に入り込むとともに、（干渉の排除という）他者との対立関係の中に入り込むのである。ヘーゲルが克服すべきだと考えたのは、この対立関係である。というのも、それによって人間と人間との結びつきは断ち切られ、共同体の絆が失われるからである。ヘーゲルは、成員相互の有機的な結合によって成り立つような共同体を共同体の理想の姿とみなし、そのような共同体の成立原理を探究することに思索を費やしている。ところが〈ケンリ〉の思想は、そうした共同体の形成をおよそ不可能にするような、原子論的な状態へと人間をおとしいれてしまうのである。

〈ケンリ〉の関係によって成り立つ人間の有様を、ヘーゲルはユダヤ民族の律法社会に重ね合わせている。神を自己に疎遠な威力として畏怖し、厳格な律法によって支配される社会、——それと同様の社会を〈ケンリ〉の思想は作り出す。〈ケンリ〉の思想は人間と人間との内在的結合を不可能にするが、そのような状態において共同体が形成されるとき、成員の統合に必要な結合の力が外在的な強制力に求められることになり、そこに、成員に対して抑圧的に作用する「強制の体系」が作り出されるのである。

若きマルクスが行った〈ライト〉の思想に対する批判（『ユダヤ人問題によせて』）も、若きヘーゲルのそれと軌を一にしている。マルクスが批判の対象として取り上げるのは、フランス革命の際に掲げられた三つの「人権宣言」すなわち「人間および公民のケンリ宣言」である。マルクスによれば、ここで提出されている「人間のケンリ」とは、「孤立して自分の中に閉じこもったモナド〔単子〕としての人間」の〈ケンリ〉であり、それは、共同体から切り離された利己的人間の〈ケンリ〉にほかならない。「自由という人間のケンリは、人間と人間との結合にもとづくものではなく、むしろ人間と人間との分離にもとづいている」とマルクスは言う。彼にとって問題であったのは、〈ケンリ〉の思想によって「公民〔citoyen〕が利己的な人間〔homme〕の下僕であると宣言され、人間が共同的存在としてふるまう領域が部分的存在としてふるまう領域の下に引きおとされ、結局のところ、公民〔citoyen〕としての人間ではなく、私民〔bourgeois〕としての人間が、本来の、そして真の人間だと受け取られたこと」である。マルクスもヘーゲルと同様、〈ライト〉の思想を、あるべき人間の共同を破壊するものとして捉え、批判するのである。彼らはともに〈ライト〉の地平の図だけを見ていたといえよう。

だが、ここで我々は、ヘーゲルのその後の思索展開に注目しなければならない。〈ライト〉に関する思索を深める中で、彼は以前の見方を捨て、〈ケンリ〉をむしろ共同性の所産として捉えるようになるからである。思想転回のきっかけを与えたのは、彼がA・スミスらのイギリス国民経済学を摂取する中で知った、近代的な経済社会のシステムである。ヘーゲルが学んだのは、経済社会としての市民社会が「普遍的な物的相互依存のシステム」であり、我々の欲求の充足もこの「相互依存」によって可能になる、ということであった（手稿「人倫の体系」）。「パンを食べたい」という私の欲求の充足はパン屋の店員の労働に依存し、パン屋の店員の労働はパン作り職人の労働に依存し、パン作り職人の労働は小麦粉生産農家の労働に依存し、生産農家の労働は農具を作る職人の労働等々に依存している。「ビールを飲みたい」という農具作り職人の欲求の充足も、同様の依存性のシステムによって支えられる。では、こうした相互依存のシステムは、何によって可能になるのか。それは、このシステムの中にいる成員各人の相互的な承認によってである。各人が互いに依存し合うことを承認し合うから、このシステムは保たれる。そして、この相互的な承認が、〈ケンリ〉の成立の基盤にもなる、とヘーゲルは考える。「私にはこのパンを食べるケンリがある」という私の主張は、私がこのパンに対して「所有のケンリ」を持つ場合にのみ可能であるが、この「所有のケンリ」は他者との承認関係によって支えられている。だから私は、他者の承認を得るためにパン屋の店先で代価を払うという行為をするのだし、それをしなければ他者の承認を得られず、したがってこのパンに対する「所有のケンリ」を主張することもできないのである。――ヘーゲルのこうした捉え方は、明らかに〈ライト〉の地平の地に対する認識から成り立っている。ここでは〈ライト〉の思想は、もはや人間の共同を破壊するものとはみなされていない。〈ライト〉が排他的な空間を形作り、他者の干渉の排除という否定的な意味を持つとしても、それは人間相互の結びつきを妨げるものとはなりえない。この排他性そのものが各人の相互的な承認という共同性の意識にもとづいているからである。

もっともヘーゲルは、〈ライト〉の思想を共同性の所産として捉えながらも、同時にこの思想の持つ否定的な面を見逃しはしなかった。彼がこの思想の最大の難点として指摘するのは、この思想の重要な一面をなす平等主義が、かえって人間相互の間に実質的な不平等を生み出してしまう、ということである。〈ライト〉の思想は諸個人をそれぞれ同等の「人格」とみなし、それぞれが持つ差異をことごとく度外視する。

各人の持つ差異は〈ライト〉の思想によってすべて捨象され、財の形成能力に優れた者も、劣った者も、利の追求に対する同等のケンリを認められる。そうなれば、財の形成能力に優れた者は自己の形成した財によってますます富み、そうでない者はますます貧しくなるといった事態が引き起こされ、そこに極端な「富の不平等」が生じることは必至となる。形式的平等が実質的不平等をもたらすのである。

〈ライト〉の思想はこの難点を克服することができるのかどうか、――ヘーゲルの提起したこの問題を、我々は真剣に受けとめるべきであろう。〈ライト〉の思想を擁護しようとする者ならばなおさらである。平等主義が〈ライト〉の思想の重要な一面をなすとすれば、この思想は実質的平等をもたらすために、まず真の平等とは何かを問い直すところから始めなければならない。――この問題は次章で取り上げることとし、いまは〈ライト〉の地平の図と地との問題に話を限れば、ヘーゲルが「反動的な国家主義者」というレッテルを貼られたことが、〈ライト〉の思想の理解の深化にとってマイナスの作用を及ぼしたように思われる。「反動的な国家主義者」というレッテルを貼られることによって、ヘーゲルは〈ライト〉の思想の全面的な敵対者とみなされ、ヘーゲル哲学も、また〈ライト〉の成立構造の地に関するヘーゲルの認識も、この思想の擁護者たちの議論世界から追放されてしまった。そしてこの議論世界では、相変わらず原子論が幅をきかせるのである。

しかし近年では、必ずしもそうではなく、注目すべき動向も見られないではない。〈ライト〉思想の擁護者の中にも、原子論の見方を拒否して、新たな〈ライト〉の概念を提出しようとする動向が生まれている。オックスフォードの政治学者フリーデンは、著書『権利』において、ヘーゲルと同様に人間を相互依存的・相互行為的な存在として捉える観点から、社会を「諸個人の総計」としてではなく、「人間の社会性を反映するとともに高めるような相互行為的存在」として捉える見地を提出している。この見地からすれば、これまでなされてきたように、〈ライト〉を「他者の干渉から個人の自由を保護するもの」だとして正当化することは意味をなさなくなる。相互依存的・相互行為的存在である人間は、自己の利益のために他者の干渉をむしろ必要とする存在だからである。フリーデンによれば、共同体によって行われる福祉政策が、そのような干渉の好例である。共同体は社会福祉の見地から、成員にたとえば伝染病の予防接種を強制するが、この種の強制措置は、共同体の成員が自身の利のために必要とするような干渉であり、決して個人の自由の侵害を意味するものではないからである。

個人は共同体による干渉を必要とし、この干渉を共同体に対して要求する〈ライト〉を有している。そうである以上、共同体はその成員に対して干渉を行う責任を持っている。そればかりでなく、共同体は成員に対して干渉を行う〈ライト〉を有している、とフリーデンはいう。というのも、共同体は自己を存続させる責任を有し、存続させるために必要とされるものを成員に対して要求する〈ライト〉を有しているが、共同体の存続にとって必要なのは成員の提供する財や労働力であり、それを確保するためには、共同体は成員に干渉を加えて積極的に成員の利の増進をはからねばならないからである。「共同体における生活の質」（成員の利）と「共同体の生活の質」（社会の利）とは不可分の関係で連動している。したがってまた、個人尊重主義と、社会的効用を重視することとは、切り離すことができない、ということになる。——こうした関係を踏まえて、〈ライト〉に関する我々の考え方は次のように修正されねばならない、とフリーデンはいう。「〈ライト〉とは、共同体における生活の質と、共同体の生活の質との双方を直接的ないし間接的に高めるような要求のことである」。

　このフリーデンの「リベラルな共同体主義」は、共同体を、一個の行為主体としてそれ固有の〈ライト〉を持つ存在とみなす点に特徴を持っている。この捉え方は、今日でも「或る論争領域ではよく知られたものである」と彼が述べていることに注目する必要がある。彼のいう「或る論争領域」とは、国際関係や国際法の領域、つまり複数個の国家が互いに個的な行為主体として関係し合う「国際的な領域」のことである。そうした国家関係の場を射程におさめた政治学者の認識のまなざしが、共同体を一個の行為主体として捉える「リベラルな共同体主義」の発想に大きく関わっていることは疑いえない。

ここで我々は、フリーデンのいう「リベラルな共同体主義」と、福沢・加藤の功利主義的な考え方との共通性に気づかされる。福沢や加藤の考え方は、個人の利の追求を正当なものとして認めながらも、「社会全体の利」に優先的な価値をおくものであった。福沢は、個人の利の追求に対する他者の「妨げ」(=干渉)を不当なものとしながらも、共同体が成員に対して強いる「不便利」(=干渉)の甘受を成員自身の利の保持にとって必要なこととみなし、共同体の意思決定機関である政府に、成員に対して干渉する〈ライト〉を認めている。この考え方の背後にあったのは、危機意識をもって国際情勢を見すえる認識のまなざしである。フリーデンと福沢・加藤の考え方の共通性は、それぞれの背後にある認識のまなざし——国際的な場を視野に入れた認識のまなざし——の共通性に由来するものではないであろうか。

第三章　〈ライト〉の思想と平等主義

1　機会の平等

〈ライト〉の思想の本質的な側面を形作っているのは、すべての人を対等の存在とみなす平等主義の考え方である。〈ライト〉の思想は各人の行為に一定の制限を課するが、それはこの思想が、〈利〉を追求する各人の活動に平等な〈ライト〉を認めつつ、その上で利害衝突の防止をはかろうとするからである。各人の行為に対して平等に一定の制限を課することによって、各人には、他者の干渉を許さない同等の排他的空間が、〈ライト〉をともなった自由な活動領域として確保されることになる。〈ライト〉の思想は、人々の行為に共通のルールという制限を設けることで、それまで紛争の原因となり、人類にさまざまな悲惨をもたらしてきた人間の営為を——〈利〉の追求という宿命的営為を——一種のゲームへと変え、すべての者をこのゲーム化された〈利〉の追求レースに参加させようとするものなのである。このレースの参加者には、身分や門地や性別にかかわりなく、だれにでも同じスタートラインに立つ資格が、つまり「機会の平等」が保障される。

だが、スタートラインが同じでも、レースをたたかう各人の能力は同じではない。財の形成能力に優れた者もいれば、劣った者もいる。そうした差異を度外視して、すべての者を同じスタートラインに立たせれば、レースがどのような結果になるかは火を見るよりも明らかである。財の形成能力に優れた者は、自己の形成した財によってますます富み、能力の劣った者は、ますます貧しくなる。その差が無制限に拡大すれば、そこには極端な「富の不平等」が生じることは避けられない。——ヘーゲルが問題にしたのは、このことであった。ケンリの関係からなる市民社会は「途方もない放埒と悲惨な貧困の光景」を必然的に作り出す、とヘーゲルは述べるが（『法＝権利の哲学』）、それでは〈ライト〉の思想は、このような事態をどう受けとめるべきなのであろうか。同じスタートラインに立ち、ルールを守って行為をしさえすれば、その行為はすべて正しい行為であり、なんらとがめられるべき行為ではない、という理由から、この事態を是とすべきなのであろうか。それとも、実質的な「結果の平等」を重視して、この事態を非とし、富の不平等を極力是正するようななんらかの手立てを講ずるべきなのであろうか。

「機会の平等」か、「結果の平等」か、という問いの立て方をするなら、福沢の立場は、前者だけを認め、後者を退けるものである。『学問のすゝめ』初編の有名な冒頭部は、このような立場の表明として読むことができる。

天は人の上に人を造らず人の下に人を造らずと言えり。されば天より人を生ずるには、万人は万人皆同じ位にして、生れながら貴賤上下の差別なく、万物の霊たる身と心との働きをもって天地の間にあるよろずの物を資《と》り、もって衣食住の用を達し、自由自在、互いに人の妨げをなさずして各々安楽にこの世を渡らしめ給うの趣意なり。されども今広くこの人間世界を見渡すに、かしこき人あり、おろかなる人あり、貧しきもあり、富めるもあり、貴人もあり、下人もありて、その有様雲と泥との相違あるに似たるは何ぞや。その次第甚だ明らかなり。実語教に、人学ばざれば智なし、智なき者は愚人なりとあり。されば賢人と愚人との別は、学ぶと学ばざるとによって出来《いでく》るものなり、福沢はこの文章の前半部で「権理における平等」を謳い、後半部では「有様における不平等」について言及して、この不平等をなんら躊躇することなく是認している。これは「権理」の思想に矛盾した見解であるように見えるが、そうではない。福沢が不平等を是認することにためらいを見せないのは、彼がこの不平等を、ルールに則った競争の後に生じる「結果の不平等」として捉えるからである。スタートラインが同じであれば、レースの勝敗はこのレースに対処する技術次第で決まることになる。だから、よい成績をおさめようとすれば、だれもがこの技術を学ばなければならない――。福沢にとって学問とは、このような技術を教えるものでなければならず、したがってそれは「実学」でなければならなかった。

福沢の見解の根底にあるのは、努力応報主義とでもいえる考え方である。人は技術を学ぶその努力に応じて、それに見合った成果を期待することができ、この成果を〈ライト〉として、つまり「求めても当然のこと、当然に所持する筈のこと」として獲得することができる、というのが福沢の考え方である。――こうした福沢の考え方の背景に、我々は、封建制度に対する彼の強い否定の態度を見ることができよう。封建制度とは、福沢によれば、「門閥を以て権力の源となし、才智ある者といえども門閥によってその才を用いるにあらざれば事をなすべからず」(『文明論之概略』巻之二）といった社会を生み出す制度である。このような制度の内では、才能も、またそれを磨く努力も完全にその意義を奪われ、人間の〈自由〉は失われてしまう。〈自由〉とは、彼によれば、各人が「繋がれず縛られず」に自己の能力を存分に発揮し、それを具体的な成果へと結実させることのできる状態を意味するからである。人間の自由な活動について、彼はこう書いている。「そもそも人間の働には際限あるべからず。身体の働あり、精神の働あり。（……）文明の要はこの天然に稟《う》け得たる身心の働を用い尽して遺す所なきにあるのみ」（『文明論之概略』巻之一）。

　この文章において福沢が語っているのは、あくまでも「文明の要」についてなのだ、ということを銘記する必要がある。彼が述べているのは、「自由は無制限に認められるべきだ」ということではなく、「ルールを犯さない限り、自由は無制限に認められるべきだ」ということ、つまり「無制限に認められるべきなのは文明の自由である」ということだからである。福沢のいう文明社会とは、（〈ライト〉の思想が課する）一定のルール＝制限の下にある社会にほかならない。以下の文章には、そうした福沢の見解が分かりやすい形で示されている。

　そもそも文明の自由は他の自由を費やして買うべきものにあらず。もろもろの権義を許しもろもろの利益を得せしめ、もろもろの意見を容れもろもろの力を逞うせしめ、彼我平均の間に存するのみ。あるいは自由は不自由の際に生ずというも可なり。(……)権力を有する者あらば、たとい智力にても腕力にても、その力と名づくるものについては必ず制限なかるべからず。(『文明論之概略』巻之五)

ルールに則る限り、自由の行使は無制限に認められるべきであるとすれば、その結果生じる不平等も無条件に認められねばならないことになる。――福沢がそう考えるとき、彼はこの不平等がその一方の極において悲惨な貧困の現実を生み出すことを知らなかったわけではない。むしろ彼はこの現実の存在をよく知っており、だからこそ自己の「学問のすゝめ」を、この貧困の現実の中であえぐ人々に向かって語るのである。〈貧困から脱したければ学問をせよ〉というわけである。「権理」の思想家である福沢にとっては、貧民に対して「もしもこの地獄を地獄と思わば、一日も早く無学文盲の門を破るべきものなり」(『農に告るの文』)とアジることが唯一取りうる救貧対策であり、救貧施設を作るといったような救済措置はとても認められないものであった。

福沢には、救貧制度の創設を退ける強い理由があった。それは、この制度を支える原理が「権理」の思想に背馳するということである。「権理」の思想は「貴賤貧富の別〕を問わず、だれをも同等の者として扱おうとする思想であり、したがってそれは貴人や富人を優遇しないのと同じように、貧者や弱者をも優遇しない。〈貧しい人たちに援助の手を差し伸べよう〉という発想は、福沢によれば、「権理」の思想とは相容れない「徳義」から生じる。ところがこの「徳義」は、本来、「情愛」からなる家族関係の領域に限定されるべきものであり、「規則」からなる社会的領域にまで及ぼされてはならぬものなのである。施政者が「徳義」にもとづいて救貧策をほどこせば、それは貧民に依存心を植えつけ、貧民から「独立の気力」を奪い去ってしまう。――このような理由から、福沢は「救窮の仕組を盛大にするは普《あまね》く人間交際に行わるべき事柄にあらず」(『文明論之概略』巻之四)とするのである。

加藤はどうか。彼は『真政大意』の中で、「貧富を均《ひと》しゅうしようなどという論」に言及し、これに反論を加えて次のように述べている。貧富の差を廃絶するような制度は、たとえそれが「勧導の心」から出たものであっても、「不羈《ふき》の情と権利とを束縛羈縻《きび》する」ものであり、人民を抑圧する「害ある制度」である、と。この加藤の見解には、彼の「権利」の思想が強く反映している。「権利」とは、彼によれば、「不羈自立を欲する情」という人間の天性にもとづくものであり、この点に正当性の根拠を持つものであった。「不羈自立を欲する情」は幸福をもたらす「結構な情」であり、それゆえ貴賤貧富の別なくだれもが「この情を施す権利」を持っている。この権利には「他人の権利を敬重する」という「義務」がともなうが、この義務に違反しない限り、各人は自由に自己の利を追求することができるのであり、この自由を妨害することはだれにも許されないことなのである。加藤は、福沢と同様、「機会の平等」だけを認め、作為的な「結果の平等」を退ける立場にたっている。また彼は、「おのおの負けじ劣らじと競い合うて勉強すればするだけ、おのれが富を増し、また勉強せねばせぬだけその貧を増すというようにしてあればこそ、愚昧《ぐまい》なものや懶惰《らんだ》な者もみずから勉強することになりて、自然と天賦の才力だけは磨き出して、おのおの相応の幸福を得ることができる」と述べ、この点でも福沢の努力応報主義と同様の見解を示している。

見落としてはならないのは、彼らがこうした自己の見解を、「社会全体の利」を重視する自己の立場と矛盾するものとは考えていない、ということである。むしろ彼らは、救貧政策や貧富の差を廃絶するような政策を、「社会全体の利」を損なう政策とすらみなしている。加藤によれば、貧富の差が廃絶された社会では、(競争が行われないために)人々の向上意欲は損なわれ、その結果、社会の富の減退と風俗の頽廃がもたらされる。他方、福沢によれば、救貧政策は国民に依存心を植えつけ、国民から

「独立の気力」を奪い去るものであって、これは国家という共同体の土台を取り去ることに等しい。なぜなら、国民のこの「独立の気力」こそが、国家という共同体の維持と発展に欠かせない根本的なものだからである。彼のいう「独立の気力」とは、「自分で自分の身を支配し、他に依りすがる心のない」精神のことであるが、このような意味での「独立の気力」を持たない国民は、何事についても他人に依存する気持ちを抱き、他人に支配されることを厭わないから、国家の政治もすべて一部の支配者まかせにしてかえりみない。このような国民は、いったん事があって外国との戦争に至った場合、国家のために命を賭することをせず、ただ逃げまわるだけであろうから、国は敗れ、とても「一国の独立」の維持は期待できない、と福沢はいう。国民の各自が、国民の「権理」の保護を職分とする国家を、（他人まかせにすることなく）自分のものとして自分の身に引き受け、その維持と発展にそれぞれの分に応じて積極的に参与しようとするような心的状況、――そのような状況を作り出そうとすれば、何よりもまず必要とされるのは、国民の「独立の気力」の醸成であり、したがって国家的見地からしても、救貧政策は退けられねばならないものなのである。

2　格差原理と〈ライト〉の思想

福沢や加藤の見解を、〈ライト〉の思想の移入期に特有の特殊日本的な見方であるとしたり、まだ資本主義の矛盾が顕在化していない時代の、歴史的に制約された見方であるとみなしたりするのは誤りである。現代アメリカの哲学者・ノージックも、福沢や加藤とほぼ同じ観点にたち、「結果の平等」を作為的に作り出そうとするような措置を激しく批判している。ターゲットとして彼の念頭にあるのは、ロールズ『正義論』が掲げる「格差原理」である。この格差原理は、「社会的および経済的不平等は、それらが最も不利な立場にある人々の最大の利益になるように調整されるべきである」と述べるが、ノージックによれば、こうした調整は、個人の〈ライト〉を侵害するものであり、自由な存在としての人間の意義を、――「自律的存在の尊厳と自尊」を損なうものである。「結果の平等」を作り出そうとすれば、財の再分配という調整手段が必要になり、それは勤労収入への課税という形をとって行われることになる。しかし、こうした措置は個々人に強制労働を課することとなんら変わらないものなのである。

ノージックが問題視するのは、財の形成の結果だけを見て、そのプロセスを見ようとしない思考法である。結果だけを見れば、そこにあるのは不平等の状態であり、この状態を放置することは正義に反するかのように思われる。しかし、このように結果だけを問題にしようとすることがそもそも誤っている、とノージックは言う。財の形成には歴史が、プロセスが含まれている。問題にされねばならないのはこのプロセスであり、このプロセスに不正が含まれていなければ、その結果も正当とされねばならない。つまり、ルール違反を犯さずに財が形成されるなら、この財の形成は正当であり、その結果に調整を加えようとすることは許されないのである。――このノージックの見解は、彼の個人優先主義からの当然の帰結であるといえよう。しかし、その彼にも「社会全体の利」を考慮しようとする観点が見られないわけではない。彼は次のように述べている。「人々のさまざまな能力と才能は、自由な共同体にとっての財産である。それを持つ人々がいることから、その共同体の他の人々は利益を受け、彼らが（……）そこにいるために、他の人々の立場も良くなるのである」（『アナーキー・国家・ユートピア』第七章）。ノージックも、加藤と同様、個々人の自由な活動の（ルールの範囲内での）放任こそがかえって「社会全体の利」につながると考えるのである。

では、「結果の平等」の作為を退ける彼らの考え方は、あらゆる意味で〈ライト〉の思想に合致し、文句なしに受け容れることのできる考え方なのであろうか。ここで、「機会の平等は、実質的な意味で、本当にスタートラインの平等をもたらすものなのか」と問うことができるであろう。やがて福沢が突き当たったのが、この問題である。貧農に向けて「もしもこの地獄を地獄と思わば、一日も早く無学文盲の門を破るべきものなり」と書いてから十年後、福沢は『貧富論』を書き、次のように述べている。親から遺産を受け継いだ者は、その智力のいかんにかかわらず（金利によって）簡単に財を形成することができ、その一方では貧者が（借金の金利負担によって）ますます貧しくなるという現実がある。「いわゆる経済論の主義に従えば、人の貧富はその智愚に準ずる」はずであるが、貧者は自ら好んで教育を受けないわけではなく、その貧しさのために教育を受けることができないのであり、そうであるとすれば、ここには「貧乏が無知の原因である」という現実が生み出されている。そしてこの現実がなくならない限り、貧者は初めから終わりまで貧者であって、いつまでも貧困から抜け出すことができない。こうして貧者の不満はつのり、この事態を放置しておけば、不満は「破裂して一揆の姿となり」社会の混乱が生じるのは避けられないであろう、と。

ここに示されているのは、「スタートラインの平等を確保するためにさえ、なんらかの調整が必要である」という認識である。ロールズの「格差原理」の根底にあるのも、この認識にほかならない。『正義論』においてロールズは次のように述べている。「自分のさまざまな能力を伸ばす努力を可能にするような優れた性格を持っている人はこの性格を持つに値するのだ、と主張することは問題である。というのは、彼のこの性格は幸運な家庭や社会環境に大幅に依存しており、これらが自分の手柄だと主張することは彼にはできないからである」。

ロールズの格差原理に対して、ノージックは、これは財の形成活動の結果だけを見ようとする思考法の産物だと批判するが、このノージックの批判は、ロールズの理論の半分だけしか見ていない批判だということができるであろう。ロールズの格差原理は、出発点における平等状態を作り出すという目的の実現にも向けられているからである。

もっとも福沢の場合、ロールズ流の格差原理を志向するところまでは行かなかった。「スタートラインの平等を確保するためにさえ、なんらかの調整が必要である」と考える彼は、また同時に「そのような調整はそもそも不可能である」と考える結果、不平等の廃絶は「人力を以て遂に如何ともすべからざるものと観念すべきのみ」とするのである。こうして不平等問題の克服の見通しを失った福沢にとって、「権理」の思想はもはや実現不可能な思想であり、唯一彼になしうるのは、「社会の秩序を維持するがために〔時折お祭り騒ぎを催すことによって〕貧民の鬱を散ずること果たして必要なり」と主張することだけであった。――しかしその福沢も、五年後には、「分財の議論今より講ず可し」を書き、「分財の不公平なるものをして公平ならしむるの道を考究する」必要があると説くに至っている。ここには、不平等の是正問題を財の分配問題として捉える観点が示されている。この観点と密接に結びついているのは、財の形成を近代的な産業労働のモデルによって考察しようとする観点である。近代的な形での物の生産は、資本と労働力との共同によって可能になり、そのいずれも欠かすことはできない。そうである以上、資本と労働力とは、「いずれを重しとしいずれを軽しとするの理なく、まさに同位同等のものにして寸分の差異あるべからず」と福沢は言う。労働力の提供者たちの取り分が資本の提供者のそれよりもずっと少なく、しかもその数が多いために、個々の労働者にはごくわずかの取り分しか与えられない、といった状態は、福沢からすれば、是正されるべき「分財の不公平」以外の何ものでもないのである。

福沢の考察は企業内部の財の分配問題に限られており、彼の射程は社会的不平等全般に及んでいるわけではない。だが、「権理」の思想にもとづく国家を一種の企業共同体とみなす観点を、彼は早くから持っていた。この観点に「分財の議論」を重ね合わせれば、どうであろうか。国家が一つの企業共同体であり、国家という全体の利が国民各人の共同的労働によって産み出されるものであるとすれば、個々人の労働は、共同的労働の一部分として、「いずれを重しとしいずれを軽しとするの理なく、まさに同位同等のものにして寸分の差異あるべからず」ということになり、共同的労働によって産み出された財の平等な分配こそが「権理」の思想にかなうものだ、ということになるであろう。福沢は、国民の各自が国家を自分のものとして引き受け、その維持と発展にそれぞれの分に応じて積極的に参与するような心的状況を形成することの必要性を強調していた。こうした意図からしても、財の平等な分配はやはり望ましいものだということになるのではないか。財の平等な分配は、おのずから国民各人の共同体意識を高め、国家を自分のものとして引き受けようとする国民の心性を養うであろうと期待することができるからである。たしかに、財の消費や蓄財の能力は人それぞれに異なっており、財の分配が平等でも、財の形成の結果に相違が生じることは避けられない。だが、そのようにして生じた不平等も、「スタートラインの平等」という基本理念を守るために、「平等な分配」という原則を維持する方向に絶えず調整されねばならないのではないか。

このような考え方の延長上にあるのが、ロールズの格差原理であるといえよう。ロールズは功利主義批判の文脈では、個人優先主義とも受けとれる見解を提示しているが、「正義の二原理」――(1)平等な自由の原理、(2-a)格差原理、(2-b)公正な機会均等の原理――の基礎づけという原理的な場面では、共同体主義を前提にして議論を進めている。ノージックが批判するのは、この共同体主義である。ロールズは、我々の常識的直観(と彼が考えるもの)について、たとえば次のように述べている。

すべての人の福利は共同の方式に依存しており、共同の方式がなければだれも満足な生活を得られないのだから、利益の分配は、不遇な人々も含めて、この方式に参加するすべての人々の自発的共同を引き出すものでなければならない、というのが直観的な観念である。しかしこれは、納得できる条件が提示される場合にだけ期待できる。なんらかの実行可能な方式が全員の福祉の必要条件であるとき、既述の〔正義の〕二原理は、才能に恵まれていたり社会的地位において運がよかった人々が(……)それを基礎にして他の人々の自発的共同を期待することのできる公正な合意であるように思われる。

このロールズの言説には、個人優先主義も、その源をなす原子論的な発想も見られない。むしろここにあるのは、市民社会を「普遍的な物的相互依存のシステム」として捉えるヘーゲルと同種の観点である。「労働と欲求の充足とは依存的・相互的であるため、主観的利己心は、すべての他の人々の欲求を満足させるための寄与に転化する。――すなわち、特殊的なものを普遍的なものによって媒介するはたらきに転化する。主観的利己心が弁証法的運動としてのこうした媒介のはたらきに転化する結果、各人は自分のために取得し生産し享受しながら、まさにこのことによって他の人々の享受のために生産し取得することになる」(『法＝権利の哲学』)。このヘーゲルの観点と同種の観点を持ちながら、ロールズはヘーゲルとどこで別れてしまうのか。ロールズと同種の観点にたちながら、ヘーゲルはどうして不平等の問題を〈ライト〉の思想の乗り越えがたいアポリアとみなすのか。それは、ヘーゲルが、『文明論之概略』における福沢と同様、格差原理を〈ライト〉の思想と相容れない家族的原理――福沢の言葉でいえば「徳義」――とみなし、〈ライト〉の思想は不平等に対する調整原理を自己の内部に持ちえない思想だと考えるからである。ヘーゲルからすれば、〈ライト〉の思想は、相互依存的な共同性を自己の成立基盤としながらも、極端な富の不平等を生み出すことで、成立基盤であるこの共同性そのものを破壊してしまうような自己否定的な動性を持つ思想なのである。

これに対してロールズは、――彼が提示する「正義の二原理」を〈ライト〉の思想の原理的な定式化として捉えるならば――〈ライト〉の思想に格差原理を取り入れることによって、不平等に対する調整原理を自己の内部に含むような新たな〈ライト〉の概念を提出していると言えるであろう。ロールズは、格差原理を〈ライト〉の思想と相容れないものとはみなしていない。自己の利を確保するためには共同体の維持を図らねばならず、そのためには格差原理の導入が必要になるとすれば、この原理の採用によって不遇な人々の利を確保することも、所詮は自己の利を確保するためだということになるからである。(ネーゲルは、「平等のそれ自体としての価値を擁護する議論」を、「共同体主義的な議論」と「個人主義的な議論」の二つに分け、格差原理に関するロールズの議論を後者に属するものとしている。「共同体主義的な議論」とは、ネーゲルによれば、平等を社会全体にとっての善とみなす立場、「個人主義的な議論」とは、「平等を、適正な分配の原理として、すなわち、異なった人々の矛盾し合う要求や利害を処理する適正な方法として擁護する立場」である(『コウモリであるとはどのようなことか』)。――このネーゲルの区分を認め、ロールズが「個人主義的な」立場をとっていることを認めるとしても、だからといってロールズが「共同体主義的な」立場をとっていないということにはならない。ロールズが平等を個々人に対する適正な分配の原理と考えるのは、彼が個々人にとっての共同体の意義を積極的に認めた上で、平等を共同体の維持にとって有用な善であるとみなすからであり、この点では彼は「共同体主義的な」立場にたっていると言うことができる。ネーゲルは共同体主義と個人主義とを相容れない立場であるかのように論じているが、この見方は正しくない。）

各人に自由な〈利〉の追求を認め、そこに自然的に発生する不平等な状態を受け容れた上で、〈ライト〉の思想がなおかつ平等主義の原則を維持しようとすれば、ここで必要とされるのは財の再分配による一定の調整であり、それは勤労収入への課税という形をとって行われる。「課税による財の再分配」という発想は、〈ライト〉の思想に無縁のもののように思われるが、そうではない。アメリカ独立戦争の熱烈な理論的支持者であったT・ペインは、フランス革命に、課税の仕組みの変革という意義を見出している。一部の支配層が苛酷な税を課することによって、被支配層である人民から財を収奪し、代々にわたり大きな財を築き上げるシステム、——そうした旧来のシステムを破壊したのがフランス革命だとペインはいう（『人間の権利』）。〈ライト〉の思想が平等な〈利〉の追求を正当とみなすものであり、一方に平等な〈利〉の追求を不可能にする課税制度があるとすれば、〈ライト〉の思想は、当然この課税制度の破壊へと向かわざるをえない。そして、すべての人の平等な〈利〉の追求を可能にするような新しい課税のシステムを構築しなければならない。ペイン自身がイギリス政府に対して突きつけた改革案は、税収の使途を貧民階級の衣食や教育に重点的に振り向けようとするものであり、社会的弱者の扶助を通して不平等を是正しようとするものであった。

だが、この課税システムが具体的にどのような形をとるにせよ、それに対しては、共同体内部の一部の人々から次のような不満の声が上がることは避けられないであろう。そのような課税システムは、社会的弱者という名の一部の人々を利するだけのものであって、一部の低所得者を優遇し、その負担を相対的に所得の高い残りの勤労者に強いる点において、勤労者に対して不当な逆差別を行うものではないか。それゆえこのシステムは、むしろ〈ライト〉の思想の平等主義に反するものではないか——。こうした不満の声に対して、〈ライト〉の思想はどのように答えればよいであろうか。

3 逆差別の問題

逆差別の問題に関しては、ドゥオーキンが『権利の重視』において興味深い論考を行っている。この論考は大学入学選抜における逆差別の問題を取り上げたものであり、課税システムの問題に直接関係するものではないが、逆差別一般についての本質的な問題提起を含んでおり、我々の考察を進める上で大いに参考になる。ドゥオーキンが考察の対象として取り上げるのは、実際にあった以下の二つの事例である。

〔A〕一九四五年にテキサス大学のロー・スクールが、「白人だけが入学できる」という州法の規定にもとづいて、スウェットという名の黒人の入学を拒否したケース。(合衆国最高裁判所は、この措置がスウェットのケンリを侵害するものであるとの判断を下した。)

〔B〕一九七一年にワシントン大学のロー・スクールが、デフニスという名のユダヤ人の入学を——彼が黒人やその他のマイノリティーであれば合格するだけの成績をおさめていたにもかかわらず——拒否したケース。(デフニスはこの措置がケンリの侵害に当たるとして訴訟を起こした。最高裁の判決は示されなかったが、彼はロー・

スクールへの入学を許可された。）

ドゥオーキンは、〔A〕のケースにおける選抜措置を不当とする一方、〔B〕のケースにおける選抜措置は正当だとしている。〔B〕の措置は、入学選抜の基準として知的能力だけを用いるものではなく、特定の人種の出願者に特別枠を認めるものであり、それゆえこの人種以外の出願者に対して不当な逆差別を行っているように見える。しかし、これは不当な逆差別ではない、とドゥオーキンは言う。彼によれば、そもそもデフニスはロー・スクールへの入学を要求する絶対的ケンリを持つわけではないし、また、ロー・スクールが入学選抜の基準として知的能力だけを用いるべきだと要求するケンリを持つわけでもない。実際ロー・スクールは、選抜の基準に主として知的能力を用いているが、それは、「法律家の知的能力が優れていれば、社会全体がより良い状態になる」とする判断にもとづいてのことである。つまりロースクールの判断の基礎にあるのは、「社会全体の利」に優先的な価値をおく社会政策的見地であり、だからロー・スクールは、「社会全体の利」になると判断すれば、知的能力にかかわらない選抜方法をも取るのである。たとえば、マイノリティーの出願者に対してだけでなく、入隊以前にロー・スクールに在学していた退役軍人に対しても特別枠を認める、といった優遇措置がそれである。

問題は、こうした措置が平等の保護に対する個人のケンリを侵害するかどうかである。ここでドゥオーキンは、「平等へのケンリ」にも二つの種類があることに注意を促している。第一は「平等の処遇に対するケンリ」である。これは、或る種の機会や資産や負担を平等に分配されるケンリであり、一人一票の投票のケンリといったものがそれに当たる。第二は、「平等な者として処遇されるケンリ」であり、これは、他のすべての人々に対してと同様の尊重と配慮とをもって処遇されるケンリである。たとえば二人の子供がいて、一人が病気で死に瀕しており、もう一人は同じ病気でも単に体調を崩しているにすぎないようなときに、残っている一服の薬をどちらの子供に飲ませるかをコインをはじいて決定したとしよう。この決定は、二人の子供に対して平等の配慮を払ったものではなく、二人の子供の「平等な者として処遇されるケンリ」を尊重したものとはいえない。この決定は、「平等の処遇に対するケンリ」を尊重したものではあるとしても、明らかに正しい決定ではない。それはなぜかといえば、「平等な者として処遇されるケンリのほうが基本的なケンリであり、平等の処遇に対するケンリは派生的なケンリである」からである。

さてデフニスのケースであるが、右の例からも分かるように、彼の要求できるケンリが「平等の処遇に対するケンリ」ではなく、「平等な者として処遇されるケンリ」

であることは明らかである。では仮に、彼がこのケンリに訴えて、たとえば、「知的に劣る受験者を知的に優れた受験者より不利な状態におくような判定基準の採用は不当である」といった主張を行ったとしたらどうか。この主張は明らかに誤っている。選抜を行う以上、どのような基準も、特定の受験者を他の受験者より不利な状態におかざるをえないからである。それにもかかわらず、或る基準の採用が正当とされるとすれば、それは、この基準の採用が社会全体の利益になると考えられるためである。知的に劣る受験者がそれによって不利益を蒙ったとしても、それは不当なことではなく、この不利益は「より大きな利益のために支払わなければならないコスト」と考えられねばならない。「平等な者として処遇されるケンリ」は、当人が損失を蒙るおそれがあるときに、これが配慮の対象として扱われるべきことを意味するものであるが、この個人的損失は、「社会全体の利」という見地からみて妥当と判断される場合には、考慮の対象から外されることもありえ、それゆえ知的に劣る受験者が不利益を蒙ったからといって、それだけで「平等な者として処遇される自分のケンリが侵害された」と主張することはできない、とドゥオーキンは言う。

ロー・スクールが黒人の受験者に特別な配慮をし、そのために白人が不利益を蒙る場合も同様である。この措置によって黒人の法律家が増加すれば、彼らは法律家として黒人社会に対して多くの奉仕を行い、その結果、人種に由来する社会的緊張を緩和することに寄与すると期待することができる。それゆえこの措置は、社会全体の利益を増すような措置であり、そのために白人に個人的な不利益が生じたとしても、それは是とされねばならない。二人の子供の状態を比較して、より多く薬の投与を必要とする子供に薬を与えることが、それぞれの「平等な者として処遇されるケンリ」を尊重した措置であるのと同様に、社会的・全体的観点から見てより多く必要とされるものを充たすような措置が、社会の成員のそれぞれの「平等な者として処遇されるケンリ」を尊重する措置なのである。

ドゥオーキンの見解は、要するに、「一定の状況においては、多くの個人に不利益となる政策でも、社会を総体として向上させるという理由で正当化される場合がある」というものであり、明らかに功利主義的な考え方にたつものである。功利主義は「平等な配慮と尊重をもって処遇されることに対するすべての人のケンリ」を重んじない理論だと批判する彼の立場は、ここでは完全に放棄されてしまっている。彼はベンサム的功利主義と選好功利主義（「およそ政策は、総体としてより多くの選好を満足させる場合に正当とされる」とする考え方）とを区別して、選好功利主義を受け入れ、ベンサム的功利主義に対して批判を加えているが、選好功利主義を認めるなら、彼はそれによって同時にベンサム的功利主義に対する批判の論拠を失っていることになる。両者の相違は「選好の総和」に判断の基準をおくか、「快楽の総和」に判断の基準をおくかの違いだけであり、「社会全体の利」に優先的な価値をおく点では両者は異なっていない。しかしこの両者の共通点こそ、彼が選好功利主義を受け入れる理由をなすものなのである。彼が選好功利主義を受け入れるのは、「社会全体の利を優先する措置は、平等な者として処遇される各人のケンリを侵害するものではなく、むしろこれを尊重するものである」と考えるからであるが、この考え方をとれば、ベンサム的功利主義を退けることもできないのである。

それはともかく、テキサス大学の入学選抜のケースはどうであろうか。黒人の入学を拒否したテキサス大学の措置が、もし「社会全体の利」に優先的な価値をおく観点からなされたものであったとしたら、この措置も正当な措置だということになるのであろうか。たとえば、「人種隔離は社会全体の福祉を促進する」とか、「社会の商業上の需要は黒人の法律家よりも白人の法律家のより多い養成を求めている」といった理由からテキサス大学の措置がとられたとすれば、この措置は「総体としてより多くの選好を満足させる」ような措置であり、したがって正当な措置だということになるのであろうか。

ここでドゥオーキンは、「個人的選好」と「外的選好」という区別を導入し、それによってこの措置の不当性を示そうと試みている。「個人的選好」とは、或る種の財や機会をその人自身が享受することに対する選好であり、「外的選好」とは、他者に財や機会が割り当てられたり、割り当てられなかったりすることに対する選好である。或る白人が、自分の成功のチャンスが増えるから、という理由で人種隔離政策を支持したとすれば、この白人は人種隔離政策の結果に対して「個人的選好」を持っており、他方、黒人に対する蔑視の態度から人種隔離政策を支持したとすれば、彼は人種隔離政策の結果に対して「外的選好」を持っていることになる。ドゥオーキンが示そうとすることと、それは、功利主義的な措置がとられる場合、その考量の過程に外的選好が入り込んでしまうと、この措置は平等主義に合致したものではなくなってしまう、ということである。自分自身は病気でない多くの白人が人種差別主義をとり、黒人が白人よりもはるかに多く薬を必要としている場合でも薬が白人に与えられるほうを選好したとする。このような状況において、功利主義がこうした白人の外的選好を考量の内に算入したとすれば、それにもとづく薬の分配は平等主義的なものではなくなり、平等な者として処遇される黒人のケンリは否定されることになる。

平等主義的性格を維持するためには、功利主義は外的選好を考量から除外しなければばならない。しかし、それがつねに可能であるとは限らない。ドゥオーキンが指摘するのは、「個人的選好と外的選好とは時には互いに分かちがたく結びつき、相互依存的なものになっている」ということである。たとえば、「白人の同級生を持ちたい」というロー・スクールの白人学生の選好は、或るタイプの学生と仲間になりたいという個人的選好と言えるかもしれない。しかし人種的偏見が強い社会では、この種の個人的選好には外的選好が分かちがたく結びついている。というのも、この白人学生が人種的偏見にとらわれている場合には、彼の白人仲間に対する選好は、人種差別的な信念や、黒人集団に対する蔑視から生じる選好と切り離すことができないからである。したがってこのような社会では、外的選好を除外して、個人的選好だけを考量に入れるような功利計算は不可能になる。不可能である以上、ここでは功利主義にもとづく措置は、平等主義的性格を持つものにはなりえない。ドゥオーキンによれば、テキサス大学の措置はそのようなものであった。この措置が「総体としてより多くの選好を満足させる」という理由からとられた措置であったとしても、そこには黒人集団に対する外的選好が個人的選好と分かちがたい形で入り込んでおり、そうである以上、この措置は平等な者として処遇される黒人のケンリを侵害するものであって、正当なものとはいえないのである。

4　平等主義の困難

さて、以上のドゥオーキンの見解を課税システムの問題に適用すれば、どうなるであろうか。財の平等な再分配を目的とする課税システムは、一部の低所得者を優遇するものであり、相対的に所得の高い勤労者に対して不当な逆差別を行うものであるように見えるが、はたしてそうなのかどうか。このシステムの採用に異論を唱える者に対して、〈ライト〉の思想が反論を行おうとすれば、この反論は、まず、この課税システムの採用が「社会全体の利益」になることを強調しなければならないであろう。この課税システムの採用が社会全体の利益になるとすれば、一部の人々がそれによって不利益を蒙ったとしても、それはより大きな利益のために支払わなければならないコストだと考えられねばならない。この課税システムの採用によって、たしかに所得の高い勤労者の「平等へのケンリ」は侵害されるが、侵害されるのは「平等の処遇に対するケンリ」であって、それよりも基本的な「平等な者として処遇されるケンリ」が侵害されるわけではない。むしろこの課税システムの採用は、社会の全成員の「平等な者として処遇されるケンリ」を尊重する措置であると言わねばならない。この課税システムは、各人が背負う社会的・経済的ハンディキャップを考慮し、それに応じて財を再分配しようとするものだからである。社会の成員それぞれの「平等な者として処遇されるケンリ」を尊重するからこそ、全成員の「自発的共同」が引き出され、それゆえこの課税システムの採用は社会全体の利益になると考えられるのである。

この課税システムを採用することの正当性は、「個人的選好」と「外的選好」という区別を導入すると、もっとはっきりする。社会という共同のシステムの中で高い所得を得ている勤労者は、（この共同システムからそれを得ているのだから）当然このシステムの維持を可能にするような手段の採用を選好するであろう。そして、このシステム維持の手段が低所得者のハンディキャップを解消するようなものであるとすれば、低所得者もこの手段の採用を選好するであろう。この選好は、いずれも個人的選好である。高い所得を得ている勤労者が、低所得者を優遇するものだから、という理由でこの手段の採用に異議を唱え、別の手段を選好したとしよう。しかしこれは外的選好であり、平等主義を維持しようとする立場からすれば、考量から外されねばならないものである。

税収を社会成員のハンディキャップ解消のために振り向けようとする考え方、これを社会福祉の思想と呼ぶとすれば、社会福祉の思想は〈ライト〉の思想と無縁のものではありえない。むしろ〈ライト〉の思想は、——それが共同体主義にもとづいて、共同体の維持と発展を必要とみなす思想である以上——社会福祉の思想を積極的に支持し、これを自己の内部に組み入れるものでなければならない。社会福祉の思想が〈ライト〉の思想と相反するものと受けとられるとすれば、それは一つの誤解にもとづいている。この誤解は、〈ライト〉の成立構造の地を見ずに、図だけを見て、〈ライト〉の思想を個人優先主義と思い誤るところから生じる。個人優先主義が社会をアトム的な個人の集合体とみなす観点にもとづいていることについてはすでに述べたが、この原子論的な観点に立って見れば、税収を社会福祉事業に振り向けることは、「他の人々の利益のために或る人の利益を犠牲にする」（ノージック）のと変わらないことになる。ここでは、社会福祉のための支出が、共同体を維持発展させるために必要なコスト負担であり、したがって自己の利益を獲得するための支出なのだ、ということが見失われてしまっているのである。

　以上のような考え方にも、しかし問題がないわけではない。この課税システムの採用が社会全体の利益の減少をもたらす要素を全く含んでいないかといえば、そうではないからである。社会という共同のシステムは、低所得者層をも含めた成員全員の共同的労働によって支えられており、低所得者層の自発的共同がなければ社会の維持も発展も望めないことは確かである。財の平等な再分配を目的とする課税システムが採用されれば、低所得者層の共同への自発的意思は増すであろうから、この課税システムの採用はその限りでは社会全体の利益の増大につながると考えられる。しかし高い所得を得る能力を持った勤労者はどうか。他人にはない特殊な技能を用いて、あるいは他人よりも長時間の労働を行って得た利益のうち、自分の取り分として認められるのは一定の額だけであり、それを越える額は収入がその額に達しない人たちの取り分にされてしまうとしたら、彼らの勤労意欲は衰え、社会の富の量は減少してしまうのではないか。そればかりでなく、彼らの共同への自発的意思すらが失われてしまうのではないか。財の平等な再分配は、低所得者層の自発的共同を引き出すことはできても、高い所得を得る能力を持った人々や長時間労働をも厭わない人々の自発的共同を引き出すことはできない。このような人々をも含めた勤労者の自発的共同を引き出そうとすれば、勤労の努力や能力に見合った増収が期待できるような課税システムの採用が求められよう。社会全体の利のために必要とされるのは、成員各人のハンディキャップを充分考慮しつつ、また同時に各人の勤労努力や能力をも考慮して財の再分配を行うような課税のシステムだということになる。

だが、そのような課税システムの構築は、はたして可能であろうか。ハンディキャップの解消を、という低所得者層の要求と、能力や努力に応じた所得を、という高所得者層の要求とは、いったい両立できるものなのか。低所得者層の要求を充たそうとすれば、高所得者層の不満が高まるであろうことは容易に想像できる。高所得者層の要求を充たそうとすれば、低所得者層の不満はつのるであろう。そうであるとすれば、課税システムの構築は、双方の不満の妥協点を見出すという方向でしかなされえないのではないか。だがそうなれば、事はもはや理念や原理の問題ではなく、変動する階層の構成やそのつどの社会的状況に応じた政治的判断の問題になる。〈ライト〉の思想がかかげる平等主義の理念は、こうして、理念だけでは対処できない政治的現実に巻き込まれざるをえない。巻き込まれざるをえないのは、この理念が相反する要求を抱え込んでしまうからである。

困難はそれだけではない。仮に高所得者層が妥協をして、低所得者層の要求をのみ、社会成員のハンディキャップを解消するような政策を実行することに同意したとしても、そのための具体的な措置を講じようとする場面で、政策遂行の当事者は新たな問題に直面せざるをえない。彼らが直面する問題、それは、社会成員のハンディキャップの解消が、はたしてロールズの言うような「財の平等な分配」という理念によって可能になるものなのかどうか、という問題である。財の平等な分配は、真の平等を実現するものではないのではないか。――この問題を提起したのは、『合理的な愚か者』の著者A・センである。人間はそれぞれ健康状態、年齢、気質、体格など、さまざまな点で差異を持っている。そのように多様な人間に対して、財を平等に分配したとしても、それが真の平等の実現につながるのか。少食の老人と食べ盛りの少年とに同じ量のパンを与えることは、本当の平等を意味しているのか。これがセンの提起した問題である。

センの問題提起は、どの種の人々にどれだけの援助額を配分するか、といった技術的問題に対してではなく、もっと本質的な理念的問題に対して向けられている。というのも、この問題提起は、「財の平等な分配」という理念の中に前提として含まれる人間観そのものに対して向けられているからである。人間の平等を財の分配によって実現しようという発想、それはセンによれば、人間をもっぱら利己的存在、ホモ・エコノミクスとして捉え、財の形成だけを人間の関心事とみなす考え方から生まれる。このような「物神崇拝」の見地にもとづく思想は、しかしその視野の一面性のために、人間の多様性を見逃し、その結果、真の平等理論を提示することができない。真の平等理論を構築しようとすれば、まずもって必要とされるのは、そのような人間観を問い直し、新たな人間観にもとづいて、〈真の平等を実現するためには何の平等を実現しなければならないのか〉を考えることなのである。

センは、人間をホモ・エコノミクスとみなす見地を退けることで、〈ライト〉を「権利」として――「利を保護する力」として――捉える見方をも退けているといえよう。彼は人間を、道徳感情（「共感」と「コミットメント」）を持つ存在、自己の利益を度外視して利他的行為をすることもある存在として捉え、「自己の利益の追求」の代わりに、「よく生きること（well-being）」を人間の行為の基底におこうとする。「機能」と「潜在能力」という概念を用いて展開される彼の平等理論は、こうした観点を立脚点とし、その上に組み立てられている。人間はだれでもよく生きることを望む。だからその条件として、よい人生を実現するための「機能」と、この機能を働かせる「潜在能力」とがだれにも平等に保障されねばならない、というのがセンの主張の骨子である。

だがこうしたセンの見解も、平等の実現という点から見れば、それ自身問題を持つものと言わねばならない。第一に、機能や潜在能力の平等を保障することがはたして真の平等の実現につながるかどうか、という問題がある。センが例としてあげるのは、長寿、栄養、基礎的健康、疫病の予防、識字などを含む諸機能や、友人をもてなす能力、会いたいと思う人の近くにいる能力、コミュニティ生活において役割を果たす能力などであるが（『福祉の経済学』）、こうした機能や能力を各人に平等に保障することで、はたして真の平等は実現するであろうか。財の平等が真の平等の実現につながらないのと同様に、機能や能力の平等も真の平等の実現につながらないのではないか。というのも、セン自身が強調するように、「よく生きること」の重要な要素は当人の「評価」であり、この評価（＝価値づけ）こそ各人各様のもの、多様なものだからである。人はだれでもよく生きることを望む。だが、どのような生き方を「よい」と評価するかは人によって異なっている。「よさ」の評価が一律でない以上、すべての人に等しく「よい」生活を保障する共通の条件など存在しないのではないか。たとえば、ダイエットに励む女性にとっては、栄養はむしろ邪魔になるであろうし、孤独な瞑想に充実を見出している哲学者にとっては、友人をもてなす能力は不要であろう。老醜を恐れている人にとっては、長寿はありがたくないものであろう。

また、そもそもこれらの機能や能力の平等を保障することが妥当かどうか、という問題もある。例として、センの言う「会いたいと思う人の近くにいる能力」を取り上げてみよう。家族と一緒に暮らしたいと思いながら、出稼ぎや単身赴任を強いられている人々、戦乱で一家離散の状態にある人々は、この能力が保障されることを望むであろう。だが、私が会いたいと思っているあなたが、私には会いたくないと思っているとき、あなたはこの能力がすべての人に保障されることを望むであろうか。会いたいと思う人同士が、たとえば妻子ある男性と独身女性であるような場合、この能力がすべての人に保障されているとすれば、いったいどういうことになるであろうか。

もう一つの問題点は、センが人間の非・利己的側面を重視するあまり、利己的側面から生じる諸問題に考慮を払っていないように思われることである。センは人間の社会を、道徳的存在である人間、ホモ・モーラーリスの共同体として思い描いているかのようである。しかし我々人間は、明らかに道徳感情だけを持つ存在ではない。我々は道徳感情を持つ存在であると同時に、利己心を持つ存在でもある。だれもが道徳感情だけに従う存在であったとしたら、〈ライト〉の思想など全く不要になるであろう。我々が利己的行動をし、そこに利害の対立が生じるからこそ、利害の調整原理として平等な〈ケンリ〉を設定する必要も生じるのである。——こうしたことを考える限りでは、「自己の利益の追求」に定位する〈ライト〉の思想は、むしろ人間の現実を踏まえた思想であると言えるであろう。我々人間は全員が利己的存在であるわけではなく、また利己的な人間も全面的に利己的であるわけではないが、人と人との間に対立が生じる場面では、その当事者はほとんどの場合、相互に利己的な存在として関係しあう。だから、「どのような原理が利害対立の調整原理となりうるか」という問題設定にもとづいて理論を構成しようとすれば、この理論は、全員が利己的存在であるような人々の集団をモデルとして設定せざるをえない。ロールズの理論がその代表格であるが、彼の理論が「財にかかずらう」のも、〈人と人との間の対立は、人が利己的存在として財にかかずらうことによってこそ生じる〉と彼が考えるからである。人と人との対立を回避することが社会の維持発展にとって不可欠のことであり、対立の最大の原因が財の分配の仕方にあるとすれば、財の分配問題は社会の重要問題になる。〈ライト〉の思想が社会の維持発展を必要とみなす思想である限り、この思想は、「どういう分配がだれもが納得できるような分配か」という問題を、自己の課題として引き受けざるをえないのである。

だが〈ライト〉の思想は、この問題を引き受けようとするとき、平等主義の理念では対処できない流動的・相対的な政治的現実の世界に入り込まざるをえない。我々は、一つの仮定された状況――「高所得者層が妥協をして、低所得者層の要求をのみ、社会成員のハンディキャップを解消するような政策を実行することに同意したら」という仮定された状況――が呼び起こす理念上の問題点について考察したが、そもそものような仮定が無条件的な形で成立することは、この現実の世界ではありえないことだと言ってよい。政策実行の当事者が、高所得者層の人々、あるいは高い所得を得る能力と勤労意欲を持った人々に対して或る税率の課税負担を強制したとき、それが実質的所得を平均化するほどのものであれば、彼らはこの負担を重すぎる（不当だ！）と感じ、不満をつのらせるであろう。当事者がこの不満の声を聞き入れて、彼らに対する課税負担を軽減したとすれば、その結果として低所得者層の人々に対する援助の量が減ることになり、今度はこの人々の不満が高まるであろう。では、どのような徴税が適正な徴税なのか。共同体を維持するためのコスト負担として当事者がそれぞれの階層の人々に要求できる適正な税額はどれ位か、——この問いに対する具体的な答えは平等主義の理念からは得られない。そうである以上、さまざまな階層の人々の要求を前にして、だれもが納得できるような財の分配を行うことは、容易なことではないように思われる。適正な税率を定める具体的原則が〈ライト〉の思想からは得られないとすれば、必要とされるのは、それぞれの階層の人々が抱く不満と要求の妥協点をさぐることであろう。しかしこれは、もはや理念の問題ではなく、統治の技術に属することがらである。共同体主義にもとづく〈ライト〉の思想は、それ自身の要請によって、自己の限界を超える問題に直面せざるをえないのである。

第四章　〈ライト〉の思想と自由の問題

1　消極的自由の特質

〈ライト〉の思想は平等主義を旨とし、「平等な自由」の実現をめざす。思想の自由、信教の自由、表現の自由、居住、移転、職業選択の自由、学問の自由、等々、さまざまな自由があるが、〈ライト〉の思想は、これらの自由を万人が平等に持つのでなければならないと考える。ノージックの「自由至上主義」も、そうした「平等な自由」への要求に定位したものであると言えよう。彼がロールズの格差原理を退けるのは、それが個人の（ルールに従った）自由な活動に対する干渉を意味すると考えるからである。課税による財の再分配は、ノージックからすれば、特定の人々に特定時間の強制労働を課することと同じであり、特定の人々から活動の自由を奪うことにほかならない。

だが、たてまえとしてはともかく、現実問題として、「平等な自由」を実現することははたして可能なのか。居住や移転の自由が万人に認められていたとしても、それを行うだけの経済的条件を欠いている人々にとっては、この自由は実際上ないに等しい。職業選択の自由が万人に等しく認められていたとしても、職業によって要求される資格や技術や知識を持たない者にとっては、この自由は実際上ないに等しい。テイラー(「消極的自由の何がいけないのか」)の言い方を借りれば、「機会概念」としての自由が万人に保障されたからといって、万人が「実行概念」としての自由を手に入れることができるわけではないのである。ロールズの理論が格差原理を導入するのは、こうしたことを考慮し、「平等な自由」への要求に実質的な基礎を与えようとするためであるといえよう。彼が格差原理を取り入れるのは、それによってもたらされる財の平等が、実質的な自由の平等を作り出す基礎的条件になると考えるからである。「平等な自由」への要求が彼の理論の根本にあることは、彼のいう「正義の二原理」が「平等な自由の原理」を第一原理としていることにも端的に現れている。「各人は、万人にとって同様の自由の体系と合致しうるような、平等な基本的自由の最も広範な全体系に対する平等な〈ライト〉を持つべきである」とこの第一原理は述べるが、彼はこの原理に全面的な優先性を与えて、「自由はただ自由のためにだけ制限されうる」としている。格差原理の導入がノージックの言うように特定の人々の自由の制限を意味するとしても、この制限は「平等な自由」の実質的条件を作り出すための必要な措置とみなされなければならないのである。

ノージックとロールズの見解がどれほど隔たっているにせよ、両者は平等な〈自由〉への要求を根本にすえる点で通底している。ノージックやロールズに限らず、〈ライト〉の思想家であれば、〈自由〉が万人に対して平等に認められるべき最も基本的なケンリである、ということをだれも否定しないであろう。〈ライト〉の思想家は、本質的に自由主義者なのである。——さてそうであるなら、いま我々が考察しなければならないのは、ここで主張される〈自由〉の内実である。さまざまな自由があるが、〈ライト〉の思想の基礎におかれるべき〈自由〉とは、いったいどのようなものなのか。我々各人が平等に持つべきだとされる〈自由〉とは、どのような意味での自由なのか。また、この〈自由〉への要求を、〈ライト〉の思想は本当に実現することができるのか。〈ライト〉の思想と〈自由〉概念との関連を問い、そこに含まれる問題点を検討することが、本章の課題になる。

そこで、考察の手がかりをバーリンの『自由論』に求めよう。彼は〈自由〉の意味として二つの概念を区別し、そのそれぞれに「消極的自由」（ないし自由の消極的意味）、「積極的自由」（ないし自由の積極的意味）という呼称を与えている。この二つの自由概念は、彼によれば、以下のような異なった二つの問いに対応している。（1）「主体——一個人あるいは個人の集団——が、いかなる他人からの干渉も受けずに、自分のしたいことをし、自分のありたいものであることを放任されている範囲、あるいは放任されているべき範囲はどのようなものであるか」——この問いに対する答えの中に含まれているのが、消極的自由概念である。他方、（2）「或る人があれよりもこれをすること、あれよりもこれであること、を決定できる統制ないし干渉の根拠は何であるか、また、だれであるか」——この問いに対する答えの中に含まれているのが、積極的自由概念である。つまり、消極的意味における自由とは、「からの自由」、「境界線を越えて干渉を受けないこと」であり、他方、積極的意味における自由とは、「への自由」、「自分自身の主人であること」である。

　以上のようなバーリンの二分法に準拠するなら、〈ライト〉の思想が基礎にすえる〈自由〉とは、消極的自由、すなわち「からの自由」であると言うことができよう。人間の〈ライト〉としての自由について、たとえばロックは次のように書いている。「人間が本来持っている自由とは、地上のどのような優越した権力からも自由であるということであり、人間の意思や立法権に従属することなく、ただ規則として自然の法だけを持っているということである。社会における人間の自由とは、人々の同意によって国家の中に確立された立法権以外のどのような権力にも従属しないということであり、また立法部が自分に寄せられた信託に従って制定するもの以外のどのような意思の支配にも、あるいはどのような法の拘束にも従属しないということである。（……）絶対的で勝手気ままな権力からのこの自由は、人間を保全する上できわめて必要であり、またこれと密接に結びついている（……）」（『統治論』）。

個々人には、国家権力や、他のいかなる社会的権威も干渉することが許されない私的な活動の圏があり、この私的な活動の圏は、だれにも等しく認められねばならない、——そう考えるのが、〈ライト〉の思想である。平等な〈自由〉への要求とは、他者の干渉を排除する一定の私的活動の圏を、各人の〈ライト〉として、つまり「求めても当然のこと」として意味づけようとする要求なのだ。この見解は、「権利」の思想家であった加藤の文章にも端的に示されている。

君主政府の権力といえども、たえて公共の交際に利害なき私事を裁制するをえず。これら純乎たる私事にいたりては、もとより各民の自由に任すべきこと当然なり。もし君主政府、これらの私事をもなお裁制するをうるときは、各民自由の権を失うがゆえに、けっして安寧幸福を求むるあたわざること必然なり。けだし自由権は天賦にして、安寧幸福を求むるの最要具なればなり。(『国体新論』)

当然のことであるが、こうした〈自由〉概念を基礎にすえる〈ライト〉の思想は、専制的政治権力に対する抵抗の思想として普及し、そのようなものとして現実に機能してきた。アメリカの独立やフランス革命がそのことをよく物語っているが、日本においても事情は同様である。「権理」の思想家・福沢は、明治期の日本に〈ライト〉の思想を抵抗の思想として普及させた第一人者であるといえよう。『学問のすゝめ』初編の次の言葉は、専制に対するそうした抵抗の精神の表明以外のなにものでもない。「人の一身も一国も天の道理に基づきて不羈自由なるものなれば、もしこの一国の自由を妨げんとする者あらば世界万国を敵とするも恐るるに足らず、この一身の自由を妨げんとする者あらば政府の官吏も憚るに足らず」。

啓蒙思想家としての福沢の主眼は、封建制度によって培われたお上に対する人民の「卑屈の気風」を払拭し、国民一人ひとりの「自由独立の気風」を醸成することにそそがれている。彼が『学問のすゝめ』四編において「学者の職分」について論じ、洋学者に対して、官職に就かずに「私立する」ことを求めたのも、「官」に対する抵抗の精神を唱道する啓蒙家の増加を願ってのことである。津田真道（真一郎）の言葉を借りれば（「学者職分論ノ評」、『明六雑誌』第二号）、「力を尽くして人民自主の説を主張して、たとえ政府の命といえども無理なることはこれを拒む権あることを知らしめ、自主自由の気象を我人民に陶鋳する」ことが福沢の企図であり、また、福沢から影響を受けた知識人たちの企図であった。

もっとも福沢の場合、政治権力に対するこの抵抗の精神は、国内の政治体制、明治政府の支配体制に対してよりも、国外の軍事的圧力、西洋列強のアジア侵略の圧力に対して向けられることが多かったこともたしかである。それは彼が、明治政府を、同じ抵抗の精神によって成立した正当な政府として——国民の自由を積極的に擁護する、「権理」の思想を体現した政府として——認識し、是認していたからである。抵抗の思想であるべき〈ライト〉の思想が体制肯定の思想として機能し、ナショナリズムに結びつくこと、このことは一見奇妙に思われるが、当時明治政府が封建的幕藩体制を打破した「維新」の政府として認識されていたこと、また、列強の侵略の脅威がリアルな危機意識の中で受けとめられていたことを思い合わせるならば、それは決して奇妙なことではない。

2　積極的自由の要求

ところで、「から、、の自由」を「消極的《ネガテイヴ》」自由と名づけ、「へ、の自由」を「積極的《ポジテイヴ》」自由と名づけるバーリンの用語法には、若干の注意が必要である。バーリンはそれによって前者に否定的《ネガテイヴ》な価値評価を下しているわけではなく、また後者に肯定的《ポジテイヴ》な価値評価を下しているわけでもないからである。むしろ後者、積極的自由を、全体主義的な専制政治に結びつく思想的概念として捉え、この意味での自由が消極的自由と全く異質のものであることを示そうとするところにバーリンの見解の特徴はある。積極的自由、すなわち「自分自身の主人である」という意味での自由は、民主主義の本質をなす思想的理念であるが、バーリンによれば、それは「自分の行う選択を他人から妨げられない」という意味での自由、つまり消極的自由とは全く別のものであり、両者はむしろ時として衝突せざるをえない質のものである。人々が自分自身によって統治されたいと願うこと、あるいは自分の生活が統制される過程に参画したいと願うことは、行動の自由な圏を求めることと同じではなく、それどころか前者は後者の否定へと向かってゆく。「人民の主権は個々人の主権を容易に破壊しうる」とバーリンはいう。

民主主義の理念的本質をなす（積極的）自由は、ではどのようにして個々人の（消極的）自由の廃棄へ、全体主義的な専制へとつながるのか。それは、この自由の理念が理性主義――あるいは理性の普遍性・絶対性に対する信仰――と結びつくことによってである。各人が「自分自身の主人であること」を望んだとすれば、そこに政策における意見の不一致が生じることは避けられないが、こうした事態も、統治者が理性主義の立場をとり、理性の普遍性・絶対性に訴えれば、解決可能なものになる。「もしも私が理性的存在であるならば、私にとって正しいことは、同じ理由によって、私と同じく理性的存在である他の人々にとっても正しいことでなければならない。彼らが私と同じくらい理性的であれば、彼らは必ず私に同意するにちがいない。」――こうした理性主義的信念にもとづいて、普遍的＝理性的自己が各個人の主人となるべき「真の自己」であるとされ、ここに「理性的な自己支配としての自由」という理念が打ち出されることになる。バーリンが強調するのは、この種の自由の理念のもとでは〈理性的自己〉という支配者の命令が絶対的なものとされ、この命令が課する強制からの個人の自由は認められないことになる、ということである。強制の対象になるのは、あくまでも理性に反する非合理的な欲望や衝動等々であって、支配者の命令に服従することを強制と感じる者は、自己の本質である理性的自己にまだ到達していない者である、とみなされるからである。個人に対する強制は、〈自由〉の剝奪ではなく、個人を理性的自己に従わせることであり、個人を自由にすること、すなわち解放なのだ、として、強制が正当化されるのである。

このバーリンの所説は、主としてフランス革命と共産主義革命の経緯を念頭におきながら展開されている。当初、〈自由〉の理念をかかげて出発したフランス革命が、ジャコバン派の独裁を結果し、プロレタリアートの政治的解放をめざしたソビエト革命が共産党の一党独裁を結果する、という皮肉な推移を、バーリンは、積極的自由の理念がもたらした帰結として捉えるのである。積極的自由の理念をかかげる民主主義が専制を生み出す、という成り行きは、また、アメリカ合衆国についても当てはまるであろう。トクヴィルが指摘したように（『アメリカにおける民主主義』）、イギリスからの独立を果たしたアメリカでは、「多数者の専制」によって少数者の自由が抑圧されるといった事態が生じている。ここでは、多数者の意思という大きな「自己」が合理的自己であるとみなされ、個人を支配する主人となっているのである。

バーリンの主張は、積極的自由と消極的自由という二つの自由概念を峻別し、消極的自由に多大の意義を認めようとするものである。消極的な意味での自由の擁護が〈ライト〉の思想の眼目をなすとすれば、バーリンは〈ライト〉の思想の積極的な肯定論者であると言ってよい。——だが、〈ライト〉の思想の実現という問題関心に即して考えるなら、事態はバーリンがいうほど単純ではないと言うべきであろう。〈ライト〉の思想の信奉者たちが、統治者に対して個々人の（消極的な意味での）自由の擁護を要求し、この要求の実現をはかろうとするとき、この思想の信奉者たちは、同時に積極的自由を求め、自らが統治者となることを志向せざるをえないからである。〈ライト〉の思想の信奉者たちが、統治者に対して消極的自由の要求をことさらに要求としてかかげざるをえないような状況があるとすれば、それは、この統治者による支配が現に彼らによって不当な専制と感じられているような状況であろう。そのような状況において、〈ライト〉の思想の信奉者たちが自らの要求の実現をめざすとすれば、彼らは不可避的に統治者との闘争関係に入り込まざるをえない。この統治者による支配を不当な専制だと感じている彼らは、自分たちの要求をこの統治者がそのまま黙って受け入れるなどとは考えないであろう。要求は受け入れられない、と考えざるをえない以上、彼らはこの統治者の支配体制を打倒して、自分たちの自由を〈ライト〉として認めこれを積極的に保護してくれるような新たな統治者を、自分たちの手で作り出そうとせざるをえない。そしてそのために、自らが統治者となることを志向せざるをえない。消極的自由の要求は、こうして積極的自由の要求へと転化するのである。

なるほどバーリンの言うように、消極的自由と積極的自由との間には論理的なつながりがあるわけではない。君主制の体制下でも、統治者がプロイセンのフリードリヒ大王やオーストリアのヨーゼフ二世のような人物であれば、人民の消極的自由が蹂躙されることはないであろう。積極的自由を獲得しなくても、消極的自由を手に入れることはたしかに可能である。ハイエク(『自由の条件』)の言い方を借りれば、民主主義の反対物は権威主義的政府であり、自由主義の反対物は全体主義であって、民主主義と自由主義とは同じものではない。民主主義は必ずしも全体主義を排除するものではなく、或る民主主義が全体主義的権力をふりまわすこともありうる。また逆に、自由主義は必ずしも権威主義的政府を排除するものではなく、或る権威主義的政府が自由の原則にもとづいて行動することも充分に考えられる。——だが、権威主義的政府が自由の原則にもとづいて行動することを期待したり、自由主義者の君主の出現を期待することは、いわば天に向かって雨乞いをすることに等しい、と〈ライト〉の思想の信奉者たちは考えるのではないであろうか。専制的支配という旱魃の状況において、消極的自由の雨を確実に手に入れようと思えば、やはり彼らは同時に積極的自由を求めざるをえないのではないか。アメリカの独立やフランス革命は、そのようにしておのずから生じた要求の実現なのである。

そうではない、君主が自由主義者でなくても人民が消極的自由を手に入れることは可能である、とする考え方もある。そしてこの考え方も、決して根拠のないものではない。そもそも人民がある程度の自由を持つのでなければ、国家という組織体そのものが成り立たず、国家の維持を考えれば、まして国家の発展を考えれば、どのような統治者でも人民に一定限度の自由を認めざるをえないからである。福沢は消極的自由を「私権」と呼び、次のように書いている。「およそ世界万国の人民に政権を得ざる者ははなはだ多しといえども、なお生民として身を立て家に居るべし。西洋にてロシア人、ドイツ人の如き、その政府に人民代議の制度完全せざるがために政権に参与すること少なく、あるいは全く参与せざる程の次第にして、東洋諸国においては古来国民の身として政権参与の事は夢にだも知らざるものなれども、国民はすなわち国民にして数千百年の国を立てたり。これに反していずれの国においてもその人民の私権を重んぜざるものあらんか、私有生命栄誉共に危くしてはなはだしきは弱肉強食の惨状を呈し、一日も立国の体を成さざるべし」(「私権論」)。

たしかに、支配者以外の大多数の国民が全く自由を認められず、家畜同然の扱いを受けるような国家は存在しえない。存在したとしても、そのような国家は決して長続きはしないであろう。しかし、〈ライト〉の思想の立場からするとき、問題とならざるをえないのは、国民に対して認められる〈自由〉の質である。というのも、統治者が自由主義者でない場合、国民に対して認められる自由は、つねに制限のついた自由であり、しかもこの自由は、国民に対して平等に与えられるようなものではないからである。自由をどの階層にどの程度認めるか、という匙加減の技術によって、統治者は自らの支配体制を維持していくことができる。統治の都合によって認められたり認められなかったりする自由、そうした飴玉のような自由が、〈ライト〉の思想の求める自由でないことはいうまでもない。

しかし、飴玉のような自由でも、〈ライト〉の思想が求める堅固なダイヤモンドのような自由へとそれを変えていくことは不可能ではない、という見解もある。中江兆民の『三酔人経綸問答』における「南海先生」の見解がそれである。南海先生は、「専制から一挙に民主制に入るなどというのは政治社会の進行の順序ではない」とし、次のように述べている。民権といわれるものには、「恢復〔＝回復〕的民権」と「恩賜的民権」という二種類の民権がある。回復的民権とは、人民が下からすすんで獲得する権利であり、これに対して恩賜的民権とは、上から人民に恵み与えられる権利である。回復的民権は人民が自ら獲得するものであるから、その分量の多少は人民が随意に決めることができるが、恩賜的民権は上から与えられるものであり、その分量の多少は人民の意のままにはならない。回復的民権はイギリスやフランスの民権であるが、これらの国々において回復的民権が獲得された理由は、国王や宰相が権力に訴えて自由の権利を人民に返さなかったために、人民の不満が高じ、動乱が起こったからである。しかしもし反対に、君主や宰相が時勢を見きわめて人民の意向に従い、人民の知識水準に適する政策をすすめて、自由の権利を人民に恵み与え、その分量が適切なものであったならば、イギリスやフランスのようなことにはならなかったであろう。政府にとっても人民にとってもこれ以上にめでたいことはないのであって、恩賜的民権をもらった者がそれをただちに回復的民権に変えようなどと思うのは愚かなことでしかない。危険をおかし命を捨てて千金の利を手に入れるよりも、そのままで十金をもらうほうがよいにきまっている。たとえ恩賜的民権の分量がいかに少ないものであっても、その本質は回復的民権と少しも異ならないのだから、我々人民がこれを尊重して、道徳という元気、学術という滋養液で養ってやるならば、時勢がますます進むに従ってこの民権は徐々に大きなものになっていって、やがて回復的民権と肩を並べるほどになるにちがいない。これが進化の理というものである——。

この南海先生の見解は、基本的には福沢の見解と変わらない。君主が適切な範囲の自由を人民に認めなければ、人民の不満が高じ、イギリスやフランスのような革命を招来して政権の崩壊をまねくから、君主はそれを避けようとして人民の意向に従い、人民に適切な範囲の自由を認めざるをえないであろう。この自由は、形式としては「恩賜的」なものであったとしても、実質的には人民自身が勝ち取ったものであって、最初はそれがどれほどわずかなものであったとしても、人民は自らの努力によってそれを拡大していくことができる。だから民主制をとらなくても人民は自由を獲得することができる、と南海先生は言うのである。しかし、君主と人民との妥協の産物であるこのような自由は、その性格上、君主と人民との間の力関係によって左右されるものであって、やはり飴玉のような自由であることに変わりはないのではないか。人民がダイヤモンドの自由にしか満足せず、しかも人民の力が君主の力を凌駕するようになれば、君主もそのような自由を人民に対して認めざるをえないであろう。だが、そのような事態が生じないように、人民の力が強大なものにならないように、細心の注意を払い、人民の行動にさまざまな制約を課するのが専制的支配の技術というものであり、専制のもとで人民の自由がたえず厳しい制限を受けるのは、つねにそのような理由からではないか。

南海先生のオプティミズムは、実は立憲君主制への期待によって支えられている。

憲法が制定され、議会が設けられるならば、君主が統治者である場合でも、人民の消極的自由は最小限保障される、だから人民はこの自由を足掛かりにして自らの力をたくわえていくことができる、というのが南海先生の見解である。

しかし問題は、君主の制定する憲法がどのような憲法かということである。たとえば明治憲法は、その第二章「臣民権利義務」において、住居移転の自由、逮捕・監禁・審問・処罰に対する法的保障、裁判を受ける権利の保障、信書の秘密の保護、所有権の保障、信教の自由、言論・出版・集会・結社の自由などを明記しているが、そのほとんどの条文に「法律の範囲内において」という制限を付けている。つまりここでは、国民の権利は、「法律」しだいでその実質がどのようにでも変わりうるものとして提示されているのである。たしかに明治憲法は、議会の法律案提出権を認め、また、「すべて法律は、帝国議会の協賛を経るを要す」と定めている。この議会は貴族院、衆議院の両院からなるものとされるが、衆議院は国民の公選により選出された議員から組織されるものとされているから、法律の制定には国民の意思が反映され、その限りでは——国民が自己の権利の保護を望めば——国民の諸権利も国民自身の意思によって保障される仕組みになっていると言えるかもしれない。しかし明治憲法は、また国民の公選によらない貴族院と政府との法律案提出権をも認めており、しかもそれらの法律案の成否は天皇の裁可によって決定されるものとしている。つまり明治憲法においては、――その第五条が明記しているように――立法権を持つのはあくまでも君主である天皇なのであり、そうである限り国民の諸権利は、やはり天皇（を中心とする一部の人々）の意思によってどうにでも増減変更が可能なものとされているのである。

君主の意思次第で増減変更が可能であるような「権利」が、「回復的民権」と同質のものでないことは明らかである。明治憲法が発布されるや否や、兆民は南海先生の見解の誤りを思い知らされ、憲法改正を意図して、精力的な活動を展開している。兆民が考え出した憲法改正のプログラムは、憲法第四十九条（「両議院は、各々天皇に上奏することを得」）を盾にとって、翌年に開設予定の第一回帝国議会で天皇に憲法改正の要求を提出し、第七十三条（「将来この憲法の条項を改正するの必要あるときは、勅命をもって、議案を帝国議会の議に付すべし」）にもとづく憲法改正を実現する、というものであった。だが、この「憲法点閲」のプログラムは、すぐさま政府によって阻止され、実行に移されることはなかった。政府は、「国会に上奏して憲法を点閲すること」を禁止する措置をとり、これに対抗したのである。

3　消極的自由を守るための積極的自由

明治憲法という欽定憲法の下で、人民の自由が実際にどの程度侵害されたかを跡づけることは、我々の目的ではない。立憲制をとれば、君主の統治下でも〈ライト〉の思想の要求は実現できる、とするオプティミズムの誤りを確認することができれば、それで充分である。たしかに、君主が自由主義者であれば、その国・その時代の人民の自由は守られるかもしれない。しかし、そのように君主の意思次第で人民の自由が守られたり守られなかったりすることが問題なのだ。積極的自由と消極的自由とは同じものではないが、自己の消極的自由を確実なものとして手に入れようと思えば、人民はやはり同時に積極的自由を求めざるをえないのではないか。消極的自由の問題、つまり「統治者の個人に対する干渉はどの程度まで許されるか」という問題に対する答え方は、統治者がだれであるかによって異なってくる。そうである以上、消極的自由の問題は、「だれが私を統治するか」という問いと——つまり積極的自由が問題になる問いの領域と——決して無関係のものではありえないのである。

しかし、フランス革命がジャコバン派の独裁を結果し、アメリカの民主主義が「多数者の専制」を結果したように、人民の積極的自由の実現が消極的自由の廃棄を結果することになるとすれば、それは皮肉なことであると言わねばならない。消極的自由の実現を求める要求が、結果としてその廃棄をもたらす、という自己矛盾的な事態がここには生じているからである。積極的自由の実現は、はたして必然的に個々人の（消極的）自由の廃棄をもたらすものなのであろうか。それとも、個々人の自由の廃棄を伴わないような積極的自由の実現の方途が別に存在するのであろうか。

　ここで我々は、考察をふたたび明治期の日本に戻し、自由民権運動と、この運動に対する福沢の評価とについて検討しなければならない。民権の拡張、すなわち人民の「権理」の拡張を要求としてかかげ、明治政府との闘争関係の中で展開されたこの運動に対して、福沢はかなり否定的な見方を示している。たとえば『文明論之概略』第十章において、彼は次のように述べている。「天下の事物、その局処について論ずれば、一として是ならざるものなし、一として非ならざるものなし。（……）国体論の頑固なるは民権のために大いに不便なるがごとしといえども、今の政治の中心を定めて行政の順序を維持するがためにはまた大いに便利なり。民権興起の粗暴論は立君治国のために大いに害あるがごとくなれども、人民卑屈の旧悪習を一掃するの術に用いればまたはなはだ便利なり」。つまり、（裏返しに読めば）民権論の主張は、人民のお上に対する「卑屈の気風」を払拭するのには役立つものの、治国のためには有害な「粗暴論」だというのである。――もっともこの主張の数か月後には、彼は「国権可分之説」を書き、そこでは民権派の主張を擁護する姿勢を打ち出している。したがって福沢の自由民権運動に対する対応は――政局の流動的な情勢とのからみもあり――決して一様のものではないが、一つ確かなこととして言えるのは、この運動に対する彼のそうした姿勢の揺らぎそのものが、この運動の主張内容を自己の立場とは異なるものとして捉える彼の見方から出ているということである。福沢は自由民権運動を、自己の「権理」の思想の延長上にあるものとはみなしていないのである。なぜか。それは、彼の「権理」の思想が消極的自由の擁護を主眼とするものであるのに対して、自由民権運動の主張は、積極的自由の獲得をめざすものであったからである。

周知のように、自由民権運動は、征韓論争に敗れて下野した板垣退助ら前参議四名が、愛国公党を創設し、党員八名の連名で民選議院設立の建白書を政府に提出した企てに端を発している。運動の発端となった民選議院設立の建白書は、統治の現状を、有司(=役人)がもっぱら政権をほしいままにする「有司の専裁」と規定し、この現状を改めるために、人民の政治参与を要求するものであった。建白書は次のように述べる。

それ人民、政府に対して租税を払うの義務ある者は、すなわちその政府の事を与知可否するの権理を有す。これ天下の通論にして、また喋々臣らのこれを贅言するをまたざるものなり。

建白書の提出者たちが人民の「権理」として求めたのは、「自分自身の主人であること」としての自由であり、つまり積極的自由であった。政府に対してなされたこの要求を、福沢が自己の主張とは異なったものとして受けとめたとき、彼は消極的自由と積極的自由という二つの自由概念の区別をはっきりと自覚していたといえよう。その区別を彼は「私権」と「政権」との区別として捉え、やがて「日本国会縁起」において次のように述べることになる。

今我日本国人の気風は積年の習慣に養われ、(……)その私権を放却することはなはだしく、自重自尊の一義に至てはこれを西洋国人に比すれば著しき相違にして、(……)いやしくも官吏とあればその大小を問わず人民はこれに対して平身低頭、また顔色あることとなし。人と人との関係かくの如くなれば、政治上の関係もまたかくの如く、いやしくも政府の筋の命令また説諭とあればややもすれば道理の外に行われて有形無形に私権を害することははなはだ多し。そもそも社会の生民に固有する私権と政権といずれが軽重と尋ぬれば、私権の重きもとより論をまたず。私権まず固くして、しかる後に政権の沙汰に及ぶべきは誠に当然の順序なるに、我日本国民はまだ私権の重きを知らず。

この文章からも見てとれるように、福沢は、人民が政権を獲得することを、つまり積極的自由を獲得することを非としているわけではない。人民の私権の保護はどのような政体においても可能であり、それが可能になるかどうかは人民がみずから「私権の重き」を知っているかどうかにかかっている、とする福沢ではあるが、しかしまた彼は、「人民の便利の為」を考えれば「立憲代議政体」がとられ、人民が政治に参与して「自分の法を以て自分を支配し、自分の思うところを以て自分に命ずる」といった状況が訪れることが望ましい、と考えている（「私権論」）。彼が非とするのは、人民が「私権の重き」を充分に認識していない現状において、人民の政治参与だけが叫ばれることである。たとえ自由民権派の主張が通り、人民の政治参与が現実のものになったとしても、それだけでは人民の（消極的）自由は守られえない。立憲代議政体が人民の私権を保護する政体として機能するのは、主権者となる人民自身、そして主権者の統治を受ける者としての人民自身が「私権の重き」を充分に知っている限りでのことであり、この条件を欠けば、立憲代議政体は所詮は絵に描いた餅にすぎず、この政体のもとでも人民の私権＝自由は容易に侵害されうるからである。個々人の（消極的）自由の擁護にとって肝要なのは、人民自身が私権尊重の思想を身に付けることであり、だから「私権まず固くして、しかる後に政権の沙汰に及ぶべき」だと彼は述べるのである。福沢によれば、自由民権運動は「無事に苦しむ士族の流が一時の戯に民権論の技を演じたるもの」であって、決して人民の意思を反映したものではなかった。「自分自身の主人であること」を求めるこの運動は、人民自身の（消極的）自由の要求から出たものではないのであり、そうである以上、彼はこの運動を是認することはできないのである。

福沢の見解は、人民個々人の自由主義的自覚が適正な民主制を実現するための必要条件だとするものである。民選議院設立の建白書が提出された直後に、加藤や西が展開した尚早論も、福沢とほぼ同様の見解にもとづくものであったと見ることができる。民選議院の設立要求に対して、加藤は次のように論難している。議院を設立するのは、国家治安の基礎である制度や憲法を制定するためであるが、この制度や憲法は、「邦国今日の世態人情」に適したものでなければならない。ところがわが国は「開化未全」の国であり、人民はまだ「権利」が何であるかも、「義務」が何であるかもほとんど知らないというのが実情である。このような状況において民選議院が設立され、人民が「大いに自由の権を得る」ようなことになれば、無知不学の人民は「自暴自棄」に陥って、国家の治安は損なわれるであろう、と。民選議院を開設し、憲法を制定するのは、それにふさわしい条件が整った後でのこと――つまり、「権利」の思想に関する人民の自覚が深まった後でのことでなければならない、というのである。

加藤が民選議院設立の必要条件とみなしたのは、人民が「権利」の思想について正しい知識を持つことであり、この正しい知識とは、〈「権利」の主張には、「義務」の遵守が伴わなければならない〉というものであった。加藤が恐れたのは、この知識を持たない人民が無制限の自由を――福沢のいう「我儘」を――公然と要求して、その結果、社会をアナーキー状態に陥らせてしまうことである。こうした恐れを自らの尚早論の論拠とする点では、加藤は、人民に自由主義的自覚を求めた福沢とは明らかに見解を異にしている。しかし、適正な民主制を実現するための条件を人民自身の意識の質に求めた点では、彼らの見解は共通しているといえよう。

では、この条件さえ充たされれば、はたして適正な民主制は実現され、個々人の消極的自由は確実に保護されるのであろうか。次に検討しなければならないのは、このことである。

4　民主制と自由

社会の成員がそれぞれ充分な自由主義的自覚を持つとき、彼らはどのような民主制を形成するのか。ロールズの『正義論』は、その形成のプロセスを仮想モデルによりながら、次のように描き出している。それによれば、原初状態において「正義の二原理」を選択した「自由で合理的な人々」は、以下の三つの段階へと向かっていく。まず彼らは、正義の二原理をたずさえて憲法制定会議にのぞむ。彼らはここで、すでに選択された正義の二原理——特に第一原理である平等な自由の原理——に従って、政府の権力や市民の基本的ケンリを規定する憲法を構想し、最も有効で正義にかなった憲法を採択する。採択される憲法は、良心の自由、思想の自由、身体の自由、平等な政治的自由といった諸自由を保護するものでなければならない。次に彼らは、立法の段階に向かう。ここで制定される法律は、正義の二原理にかなうだけでなく、すでに採択された憲法の規定にも合致するものでなければならない。この立法の段階を経て、最後に彼らは、裁判官や行政官による特殊事例へのルールの適用と、市民によるルールの遵守という段階に到達する。

さて、このようにして形成された体制、すなわち立憲民主制において、個々人の自由はどの程度守られるであろうか。充分に守られる、と期待できる相当の理由はある。ここでは、消極的な意味での自由が——ロールズに従って言えば拘束からの解放が——体制全体を規定する根本原理とされているからである。明治憲法が基本的諸自由の保護を謳いながら、そのほとんどの条文に「法律の範囲内において」という制限条項を付けたのとは違って、『正義論』の仮想的憲法は、端的に基本的諸自由の保護をかかげ、法律はむしろこの憲法と正義の二原理の制約を受けるべきものとされている。「自由の制限が正当化されるのは、それが自由それ自体のために、事態をいっそう悪化させるような自由の侵害を防ぐために、必要とされるときだけである」という理念的要請が、この体制の隅々にまで貫かれている。したがってここでは、「社会的利益の増大のために」といった功利主義的な理由から個人の自由を制限しようとするような統治者のあらゆる試みは排除される。「自由はただ自由のためにだけ制限されうる」のでなければならないのである。

もっとも、この体制においても個々人の自由は全く無制限のものではありえない、ということも見逃さないように注意すべきであろう。個々人の自由が制限を受ける場合、――それは、自由の制限が「自由の侵害を防ぐために」必要とされる措置であるような場合である。したがって、「公共の秩序の維持のため」という理由でなら、個々人の自由の制限は正当化されることになる。公共の秩序は、個々人の自由それ自体の存立の基盤をなすからである。それゆえこの体制は、或る種の拘束（たとえば兵役の義務づけ）を正当なものとして個々人に課することがある。他国の侵略によって自国の存立が脅かされ、それによって国民の自由が侵害の危機にさらされるような場合には、徴兵によってこの侵略の危機に対処することは、「自由の侵害を防ぐために」必要とされる措置だからである。

『正義論』が提示する仮想的憲法は、いささか具体性に欠けるものであるが、これとほぼ同じ自由主義的理念に立脚しながら、かなりの具体性をもって起草された憲法草案を、我々は明治期の日本に見出すことができる。それは、福沢の「権理」の思想から多大の影響を受け、自由民権運動の理論的指導者となった植木枝盛の憲法草案である。植木の構想する憲法が欽定憲法でないことはいうまでもないが、この憲法草案と明治憲法との相違はそれだけにはとどまらない。この憲法草案は、まず「国家大則および権限」を定めるところから始まり、国家の大則について、「日本国は日本国憲法にしたがいてこれを立てこれを持す」と述べたあとで、国家の権限に関して、「日本の国家は日本各人の自由権利を殺減する規則を作りてこれを行うを得ず」と謳っている。つまりここでは、国民の「自由権利」が、国家権力の行使の限界を確定する原理として提示されているのである。具体的な国民の「自由権利」に関しては、「日本国民および日本人民の自由権利」の項でその規定がなされ、そこでは生存権、物件使用の権利、刑罰・逮捕・拘留・禁固・喚問等に対する法的保障、死刑・拷問の禁止、思想・信教の自由、言論・出版・集会・結社の自由、住居移転の自由、信書の秘密の保護、所有権等が列記されている。これらの権利の大部分は明治憲法も掲げるものであるが、両者における権利の実質は全く異なっている。明治憲法では、国民の諸権利は、法律によってどうにでも増減変更が可能なものにされてしまっているが、植木の憲法案では、国民の諸権利は、戦時以外には、法律によるいかなる制約をも受けないものとして、それゆえまた法律を制約する基本理念として示されている。植木の憲法案は、「政府恣《ほしいまま》に国憲に背き擅《ほしいまま》に人民の自由権利を侵害し建国の旨趣を妨ぐるときは日本国民はこれを覆滅して新政府を建設することを得」として、国民の抵抗権をも認めるのである。

たしかに植木の憲法案は、他方で行政権、統帥権を「皇帝」に委ねるなど、時代による制約を免れない側面を持ってはいる。しかしこの憲法案は同時に、人民の権利にかかわる事柄に関しては、皇帝の専行を認めず、これに関する事柄は必ず「立法院の議」を経ねばならない、という規定を設けている。そして、立法院は人民の直接選挙によって選出された議員から構成されるものとし、立法権は人民全体に属するものとしているから、こうした規定によって皇帝の実質的な権限は人民の意思による大きな制限を受けることになる。ここでも人民の「自由権利」を擁護するという理念が、権力を抑止する原理としての意味を持たされているのである。植木のいう「自由権利」、それはバーリンの言葉でいえば消極的自由であり、したがって植木の構想した憲法は、国民個々人の消極的自由の保護に主眼をおいたものになっている。自由民権運動の指導者たちは、福沢がそう解したように、もっぱら積極的自由の獲得だけをめざして消極的自由の擁護には目を向けなかった、というわけではないのである。

しかし問題は、このような憲法を制定することによって、個々人の自由が本当に守られるのかどうか、ということである。ロールズや植木の言うような憲法が制定され、この憲法にもとづいて諸々の法律が制定されれば、政治権力が個々人の自由を侵害することのない適正な民主制が実現されるのであろうか。個々人はそれぞれ共同体の一員として生活するが、平等な自由の原理にもとづくこの民主制は、共同体の意思決定の方式を、「一人一票」の原則に則った多数決ルールに求めるであろう。だがそうなれば、この意思決定の個別的ケースには、利害において一致した多数者の意思が反映され、少数者の意思は反映されないことにならざるをえない。そして、多数者の意思を体現した政治権力の行使によって、少数者の利益が、さらには少数者の自由が侵害されるような事態も生じうることになる。立憲民主制が多数決ルールにもとづいて運営されるものである限り、そこに「多数者の専制」が生じる可能性はつねに存在すると言わねばならない。そうした事態を生じさせないためには、この体制は、「多数者の専制」へと向かう自らの動性を阻止するような制度を、自らのうちに内在させるものでなければなるまい。或る政策が少数者の自由を侵害するものである場合、そして、少数者がこれを不当だとして政策の変更を訴えた場合、少数者のこの訴えを制度として受け入れることのできる体制が、求められる民主制だということになる。言い換えれば、この体制は、ロールズのいう「市民的不服従」を正当なものとして認めるものでなければならない。手続き的には合法的であっても、この体制の根本的理念である自由主義的理念に違反するような政策決定がなされた場合、この決定を覆すべく市民的不服従の手段に訴えることは正当な行為であり、したがって自由主義的理念を貫徹しようとすれば、この体制は、市民的不服従を〈ライト〉として個々人に認めるもののでなければならないのである。

では、そうした体制下でなら、はたして個々人の自由は守られるのであろうか。そもそもこの体制は、〈自由をただ自由のためにだけ制限する〉という理念を実現することができるのであろうか。――このような懐疑的な疑問を提出せざるをえないのは、H・L・A・ハートによるロールズ批判（「自由とその優先性についてのロールズの考え方」）が、無視できない決定的なものであるように思われるからである。ハートは、ロールズの「自由はただ自由のためにだけ制限されうる」とする考え方に批判の矢を向け、ロールズのこの考え方は成り立たないとしている。彼はまず、「自由をただ自由のためにだけ制限する、とは何を意味するのか」と問うところから出発して、ロールズが提出した一つの例を取り上げている。この例とは、討論の際に順番のルールを導入するような場合である。このルールを導入すれば、我々の「好きなときにしたいことをする自由」は制限されることになるが、もしこの制限が行われなかったとしたら、有益な討論は成り立たず、我々の「発言の自由」は損なわれてしまう。それゆえこの種の制限は正当なものである、というのがロールズの論旨である。ロールズの考え方に従えば、討論に際して順番のルールを導入することは、「（より大きな、またはより広範な）自由のために」求められる、正当で必要な措置なのである。

だが、はたしてそうなのか。そうではない、とハートは言う。このルールの導入が正当かどうかを判定するためにここで持ち出されている基準は、「(より大きな、またはより広範な)自由のために」という正義論の原則ではなく、実は「有益な討論」に価値をおくロールズ自身の価値評価の観点なのだ。この価値評価は、正義論の体系にとって外在的なものであり、そうである以上、このルールの導入を是とする判断の正しさを、正義論の体系は基礎づけることはできない。また同様に、正義論の体系は、このルールの導入を非とする判断を、正しくないものだとして退けることもできない。ここでは「好きなときに好きなことをする自由」と「発言の自由」という二つの自由が衝突しているが、「好きなときにしたいことをする」ことにより大きな価値を見出している人々は、このルールの導入を非とし、「好きなときにしたいことをする自由」を確保するためには「発言の自由」が制限を受けることになってもやむをえない、と考えるであろう。この制限も「自由のために」なされる制限であるから、正義論は彼らの決定を退けることはできないのである。要するに、このルールの導入の是非に関して、「(より大きな、またはより広範な)自由のために」という正義論の原則だけでは決定的な答えを得ることはできない、というのがハートの見解である。「(より大きな、またはより広範な)自由のために」という正義論の原則が役に立たないのは、このケースに対してだけではない。たとえば、或る土地の所有者がこの土地に関して有する排他的な使用の自由と、彼以外の者が持つ通行の自由とは衝突するが、この場合、どちらの自由がどちらの自由のために制限されるべきか、という問題に対して、正義論の原則はやはり決定的な答えを与えることはできない。答えを得ようと思えば、我々は「一般的福祉の増大のために」といった観点をそこに持ち込まねばならないであろう。通行の自由を無制限に認めれば、農地が荒らされ、食糧の供給が減るが、土地所有者の排他的な自由を認めてもとりたてて大きな不都合は生じない、と充分な根拠をもって言うことができれば、一般的福祉の増大という観点から、通行の自由は制限されるべきだという結論になる。しかしロールズの原則は、このような観点の持ち込みを固く拒む。この原則は、「自由は社会的または経済的な利益のためにではなく、ただ自由のためにだけ制限されねばならない」とするものだからである。

ロールズ的原則にまつわる不都合は、それだけにはとどまらない。この原則に従えば、さらに、環境保護のために自動車の使用制限を行う、といった政策の決定や、プライバシーを侵害するような出版物の発行を禁止するといった政策の決定は正しい決定ではない、ということになってしまう。これらの決定は、私有財産を使用する自由を「環境保護のために」という理由から制限したり、言論・出版の自由を「プライバシーの保護のために」という理由から制限しようとするものであって、「自由のために自由を制限する」ものではないからである。

こうしたロールズ批判によってハートが言おうとすること、それは、自由の制限が問題になる場合、その解決のためには「自由」以外の観点が――「利益」の観点が――要求される、ということである。或る自由（A）ともう一つの自由（B）が衝突する場合には、どちらかの自由を制限するように決定を下さねばならないが、いずれの決定も「自由のために自由を制限する」ものである点では変わりがないとすれば、いずれの決定が是とされるべきかの判断は、いずれの決定が我々にとってより大きな利益をもたらすか、という功利主義的な見地からなされざるをえない。一方の自由（A）が制限されれば、それによって個人は一定の不利益を被ることになるが、もう一方の自由（B）を手に入れることで得られる利益がこの不利益を上まわるならば、この自由（A）の制限は妥当なものとみなされ、逆に下まわるならば、この制限は不当なものとみなされる、といった具合にである。このような利益・不利益の考量を退けようとするところにロールズの理論の欠陥はある、とハートは言う。

このハートの見解は自由主義の理念に反するものだ、という非難は成り立つかもしれない。しかし、彼の見解が〈ライト〉の思想に反するものだと考えるのは誤りである。そもそも〈ライト〉の思想は、各人の〈利〉の追求を正当なこととして認め、〈利〉の追求に対する干渉を不当なこととみなす思想であった。そうである以上、利益・不利益の考量を基準にして自由の衝突を解消しようとすることは、〈ライト〉の思想に反しないどころか、この思想の趣旨に沿うものであると言わねばならない。さらに言えば、ロールズの『正義論』がいう「自由で合理的な人々」でさえも、このハートの見解を認めざるをえないように思われる。自由で合理的な人々が正義の二原理を選択するのは、ロールズによれば「原初状態」においてであるとされるが、この「原初状態」とは、彼らが「無知のヴェール」をかけられたまま、相互に利害関心を持つことなく、皆平等に自己の利益の増大をはかっている、という状態である。この状態において彼らが自己の利益の増大をはかろうとし、その結果選択することになるのが、「平等な自由の原理」を第一原理とするあの正義の二原理なのである。正義の二原理が、やがて不可避的に生じると考えられる利害の対立を回避するために求められた調整原理であり、「適切な分配上の取り分についての同意を取りつけるための諸原理」であるとされていることを忘れるべきではない。「平等な自由の原理」の選択は、あくまでも自己の利益の増大をはかろうとする合理的な人々の意図から出たものなのであり、そうである以上、利益・不利益の考量を自由の考量の基準にすることは、彼らの意図に合致することなのである。

しかし、利益・不利益の考量が自由の考量の基準にされるとき、この民主制はいったいどのようなものになるか。この民主制は、「多数者の専制」を許すものになってしまうのではないか。というのも、或る自由を優先させることで得られる利益は、決して一律のものではなく、人によって異なるものだからである。例として、秘教的な教義を信仰し実践している少数者の集団を考えてみよう。この宗派の人々の信教の自由は、真実を取材し報道するジャーナリストの自由と衝突する。彼らが信じている教義は、公開されることを許さない。さてこの場合、どちらの自由が制限されるべきなのか。この教義を信奉する人々は、報道の自由が制限され、信教の自由が守られるほうが得られる利益は大きい、と考え、報道の自由が制限されるべきだと主張するであろう。しかし、公教的な教義を信仰しているか、無宗教である多数の人々は、報道の自由が守られるほうが得られる利益は大きい、と考え、秘教的教義を信仰する者の自由はそのために制限されてもやむをえない、と主張するであろう。どちらの主張を是とするかを多数決ルールで決定したとすれば、結果は明らかである。多数者の主張が是とされ、秘教的教義を信奉する少数者の信教の自由は損なわれることになる。信者たちが「この決定は自由を侵害するものだ」と言って市民的不服従の手段に訴えたとしても、この訴えが通る見込みはない。信者たちの訴えを認め、決定を覆したとすれば、今度は報道の自由が損なわれることになり、この場合でも自由の侵害は生じてしまうからである。

自由間の衝突が避けられないものであるとすれば、自由の侵害も避けることはできず、そうである以上、どちらの自由を優先させるべきかを決定する判断の基準は、利益・不利益の考量に求められざるをえない。だがそうなれば、利害において一致した多数者の意見が通り、少数者の自由は損なわれざるをえないことになる。こうしてこの民主制は、「多数者の専制」を阻止することができず、自由主義を貫くことはできないということになる。〈ライト〉の思想が要求する積極的自由は、この思想のもう一つのより根源的な要求である消極的自由を擁護することができないのである。

自由と衝突するのは、何も自由だけではない。或る自由と或る利益とが衝突するケースはもっと多い。好きなときにしたいことをする自由が有益な討論を望む人々の利益と衝突し、言論・出版の自由がプライバシーを大切にする人々の利益と衝突するように、暴走運転の自由は効率的かつ安全な通行を望む大多数の人々の利益と衝突し、巨大商業資本の店舗拡大の自由は多数の弱小小売店の店主たちの利益と衝突する。利益・不利益の考量が唯一絶対的な判断の基準であるとされれば、これらの自由の制限も正当なことだということになるであろう。こうして多数者の利益のために、さまざまの自由が制限を受けざるをえないことになるが、利益・不利益の考量を自由の考量の基礎におく以上、〈ライト〉の思想は、これらの自由がそれでも擁護されるべきだと主張することはできないのである。

最後に我々は、ハートも指摘している或る極端な可能性について触れねばならない。それは、この民主制が自己自身を否定してしまう可能性である。仮に、国民の消極的自由をできるだけ制限し、社会的統制を強固なものにすれば、それだけ国民総生産が上昇し、個々人にとってより大きな経済的利益が確実にもたらされる、と充分な根拠をもって言うことができる状況があったとしよう。利益・不利益の考量を自由の考量よりも優先させる考え方からすれば、このような状況下で、国民が自らの自由の徹底的な制限を、社会的統制の強化を選択し、この選択を政策として決定することは充分に合理的な判断だということになる。この決定は自由主義に反するが、自由主義にもとづく民主制は、この決定を不当なものとして退けることはできない。自由主義者が「この決定は個人の自由を否定するものであり、無効である」と抗議しても、この抗議は有意味的な批判とはなりえない。この決定は、自己の利益を追求する国民個々人の自由にもとづいてなされているからである。

自由主義的民主制のもとで、このような決定が下される可能性に関して、「国民が自由主義者であれば、彼らがそのような選択を行うこと自体がありえないはずだ」とする異論もあるであろう。だが、そのような選択を行う国民も、やはり自由主義者なのである。彼らは自己の経済的利益を追求する自由を、他の諸自由よりも優先させたにすぎない。しかも、このような自由の価値づけは、決してありえないことではなく、一部の国ではきわめて広範に見られる現象ですらある。〈エコノミック・アニマル〉と称される、(以前の?)多数の日本人は、自己の利益の追求のために寸暇を惜しんで働き、行楽や家族との団らんや精神的なゆとりを犠牲にすることをも厭わない人々である。このような人々がもし右のような状況下にあったとすれば、彼らは自由の徹底的な制限を望まないであろうか。経済的利益を重視する彼らの価値観そのものを批判することは、もちろん可能である。だが自由主義は、そして〈ライト〉の思想は、この価値観そのものを批判する根拠を自らの内に持っていない。というよりもむしろ、この価値観は、〈ライト〉の思想そのものが内包する価値観なのである。経済的利益を重視するこの価値観を特殊日本的なものだとみなすとすれば、それは誤りだと言わねばならない。第一章の考察において見たように、〈ライト〉の思想は幕末－明治期の日本において、〈利〉の追求を正当なこととみなす思想として理解され、「権利」の思想として受容された。第二章において我々は、この「権利」の思想が〈ライト〉の思想の本質と無縁のものではなく、かえってその本質に深く関連するものであることを確認したが、こうしたことを踏まえるなら、経済的利益を重視する日本人の価値観は、むしろ移入された〈ライト〉の思想によって培われたものだと言うことも許されよう。〈利〉の追求に価値をおくこの思想は、当時の多くの日本人に受け入れられたが、反面、大きな反発をも引き起こしている。反発を引き起こしたのは、それが儒教的伝統にもとづく日本人の心性に反するものだったからである。

充分な経済的利益の獲得に成功し、それによって得られた物質的豊かさに飽食し始めてすらいる今日の日本人は、もはや経済的利益を絶対視せず、したがって右のような仮想的状況が訪れたとしても、経済的利益の増大のために自由の制限を行うといった、自由主義を自己否定するような選択はしないであろう。しかし、物質的貧困が支配する社会では、国民が自らそのような選択を行う可能性はつねに否定できない。この社会の国民が〈ライト〉の思想を信奉し、充分な自由主義的自覚を持っていたとしてもである。これはあくまでも可能性であり、極端な可能性ではあるが、全く考えられない可能性ではない。

第五章　〈ライト〉の思想と力の論理

1　アイディアリズムからリアリズムへ

〈ライト〉の思想は三本の支柱から成り立っている。共同体主義、平等主義、自由主義、という三つの理念がそれである。〈ライト〉の思想世界の住人たちは、自分たちの利の追求を〈ライト〉として——「求めても当然のこと」として——主張し、各自の主張の併存を可能にするような共同性の場を形成する（共同体主義）。形成されたこの共同体に自己を帰属させ、共同体が課する共通のルールに従うことで、彼らには平等に、他者の干渉を許さない同等の排他的空間が、〈ライト〉をともなった自由な活動領域として確保されることになる（平等主義）。この排他的空間の中で、彼らは他からの干渉を受けることなく、それぞれ自己の〈利〉を——すなわち自分が価値を認めた対象を——自由に追求することができる（自由主義）。

だが、これまでの考察から明らかなように、こうした理念を現実化しようとする場面で、〈ライト〉の思想は大きな困難に出合わざるをえない。共同体の維持と発展のためには、成員各人の自発的な共同への意思が欠かせないが、各人の利の追求が無制限に放任されれば、（能力や境遇において不利な立場にある人々はますます不利な立場へと追いやられ、共同への自発的な意思を失ってしまう。そうした事態を避けるために、共同体の運営に携わる当事者は、不利な立場にある人々のハンディキャップを考慮し、このハンディキャップを解消するような方策をたてる必要に迫られる。そこでこの当事者は、平等主義の理念をかかげ、ハンディキャップ解消のためのコスト負担を、能力や境遇において有利な立場にある人々に求めることになる。しかし、課税という形でなされるこのコスト負担が、負担を求められた人々にとって重すぎる（＝不当だ！）と感じられるものであれば、この人々の不満がつのり、今度は彼らの自発的な共同への意思が損なわれることになるであろう。それではまずい、ということで、彼らに対する課税負担を軽減したとすればどうか。その結果として、不利な立場にある人々への援助の量が減ることになり、今度はこの人々の不満が高まって、彼らの自発的な共同への意思が失われることになる。では、どの程度の課税が適正な課税なのか。共同体を維持するためのコスト負担として要求できる適正な税額はどれ位か。——しかし、この問いに対する答えは〈ライト〉の思想の理念からは得られない。当事者に求められているのは、自己の〈利〉を守ろうとするあらゆる階層の人々の要求を充たすことであるが、原理的な解決が見出せない以上、当事者は、不満と不満との妥協点を見出す、という形でこの問題に対処せざるをえない。つまり当事者は、〈ライト〉の思想の理念を超え出て、統治の技術が要求される流動的・相対的な政治的現実の世界に足を踏み入れざるをえないのである。この世界では、不満を訴えるその声の大きさが、自己の要求の実現を迫る力の大きさになる。自己の〈利〉を求めてせめぎあう力と力、——それらを一つの均衡状態にもたらす力学的考量が、ここで求められる統治の技術だということになる。

自由主義の理念に関しても、困難は同様に待ちうけている。この理念は「平等な自由」の実現をめざし、「自由はただ自由のためにだけ制限されうる」と述べるが、この原則だけからは、実際にどの種の自由が制限されるべきかを決定することはできないからである。共同体における現実の生活の場面では、自由と自由とが衝突する事態が不可避的に生じざるをえない。私が或る土地の所有者であったとすれば、私はこの土地に関して排他的な使用の自由を持つことになる。しかし私のこの自由は、他者一般の通行の自由と衝突する。このような場合、どちらかの自由が制限されざるをえないが、どちらの自由を制限し、どちらの自由を優先させるべきかを決定する判断の規準は、自由主義の理念の内には見出されえない。どちらの自由を制限するにしても、それは「自由のための」制限だということになるからである。そうである以上、判断の規準は、どちらの自由の制限が我々により大きな利益をもたらすか、という、功利主義的な利益・不利益の考量に求められざるをえない。だがそうなれば、利害において一致した多数者の価値評価が決定の鍵をにぎり、少数者の価値評価は退けられることになる。こうして少数者は、自分が価値をおく自由を失うのである。自由主義の理念は、共同体の現実において、「多数者の専制」から身を守ることができない。この共同体が意思決定の方式として採用する多数決ルールは、「多数者の利益」という実質に「社会全体の利益」という名目を提供し、多数者の意思を共同体の意思に変えてしまう装置なのである。数は力なり！

いま〈ライト〉の思想が身をおいている現実、それは、アイディアリズムが通用しない生身の現実である。〈ライト〉の思想世界の住人たちが企図したのは、各人の利の追求がそれぞれ干渉を蒙らず、互いに併存しうるような共同性の場の形成であるが、形成されたこの共同性の場は、その実状においては、利害関係において互いにせめぎあう力同士の相対的・流動的な拮抗状態にほかならない。そうであるとすれば、いまや〈ライト〉の思想は、アイディアリズム――「普遍妥当的な抽象的原理に由来する・合理的かつ道義的な政治秩序がいますぐにでも実現されうる」と考えるアイディアリズムを捨てて、以下のような「政治的リアリズム」の観点にたたねばならない。「この世界は、本来、相反する利害の世界であり、利益と利益の対立する世界である。したがって道義原則が完全に実現されるということはありえない。諸利益をたえず一時的に均衡させることによって、また、対立をいつも不安定な形で解決することによって、せいぜいその道義原則が実現に近づけられるということにすぎない」(モーゲンソー『国際政治――権力と平和』)。

人はそれぞれ自己の利益を求める。追求されるこの利益を、経済学者は「富」として解釈するが、政治的リアリストはそれを「力」として解釈する。人は皆「力への意志」の主体であって、我々が経済的な富の増大を追求するとき、それによって我々は自己の〈力〉の増大を求めているのだ、と政治的リアリストは考える。それゆえ政治的リアリズムの観点からすれば、この世界は多くの「力への意志」がぶつかり合う権力闘争の世界であり、政治が作り出す秩序は、バランス・オブ・パワーから成り立つ力学的状況にほかならないということになる。――ことがらを人間観の問題として捉えた場合、「力への意志」を人間の本質とみなすこの見方の当・不当に関しては、当然また別の考察が必要であろう。だが、いまはこの「人間の本質」の問題は度外視してもかまわない。我々の考察の対象は、自己の利益の追求を〈ライト〉として要求する人々からなる世界のありさまであり、いま我々が眼前にしているのは、そうした〈ライト〉の要求がせめぎ合う現実、「対立する利害の世界」という現実であるが、利害が対立し衝突する場合、そこにさまざまな権力関係の場が形成されることは争われない事実だからである。利害の対立が現実として存在し、この現実が力の論理に支配される権力関係の場を形成する以上、〈ライト〉の思想は決してこの権力関係に無関与のものではありえない。我々が〈ライト〉の思想と力の論理とのかかわりを問題として取り上げねばならないのは、こうした理由からである。

ところで、力の論理とのかかわりという点から見るとき、この思想が身をおくシチュエーションは、やや特異なものと言わねばならない。というのも、この思想は、その理念からすれば、力の行使による他者の支配を退けようとするものだからである。このことは、この思想の求める自由が何よりもまず「権力からの自由」を意味することに示されているし、また、この思想が専制的権力に対する抵抗の思想として機能してきた事実にも示されている。『学問のすゝめ』における福沢の以下の文章は、「力による支配の排除」というこの思想の理念を分かりやすい言葉で述べた卓抜な文章であるといえよう。「貧富強弱は人の有様にてもとより同じかるべからず。しかるに今富強の勢いをもって貧弱なる者へ無理を加えんとするは、有様の不同なるが故にとて他の権理を害するにあらずや。これを譬えば、力士が我に腕の力ありとて、その力の勢いをもって隣の人の腕を折るが如し。隣の人の力はもとより力士よりも弱かるべけれども、弱ければ弱きままにてその腕を用い自分の便利を達してさしつかえなき筈なるに、いわれなく力士のために腕を折らるるは迷惑至極というべし」。

もっとも、〈ライト〉の思想があらゆる力の行使を退けるものではない、ということもここで銘記しておく必要がある。この思想が認める力の行使、それは、共同体の成員の同意にもとづく政治権力の行使である。他者の〈ライト〉を侵害するような、ルール違反の行為に対する制裁の実行、および、共同体の存立を脅かすような、外部からの侵略に対する武力の行使がそれにあたる。〈ライト〉の思想がこのような力の行使を必要とすることは、この思想が国家という独立共同体の樹立と維持を要求する思想である以上、当然のことである。ウェーバーの『職業としての政治』を引き合いに出すまでもなく、どんな国家でも、その運営のためには政治権力の行使が不可欠になる。そして、このことは〈ライト〉の思想にもとづく国家の場合でも例外ではない。

「力による支配の排除」という理念を実現しようと思えば、やはり力の行使が必要になる。この力に裏打ちされてこそ、法は実効をともなったものになり、国民のケンリは保障されるのである。本書の第一章において、我々は〈ライト〉をめぐる翻訳事情について考察したが、西、津田、福沢といった日本の思想家たちが〈ライト〉の訳語に「権」の語をあてたとき、彼らの認識の射程にあったのは、〈ライト〉の思想と力の論理とのそうした密接な関連であった。

「力による支配の排除」を理念としてかかげる思想が、この理念を実現するために力を恃まざるをえないということ、力の論理を退ける思想が力の論理に訴えるということ、——ここには矛盾が存在するように見えるが、そうではない。〈ライト〉の思想が非とするのは、あくまでも国民のケンリを侵害するような力の行使であり、これに対してこの思想が是とするのは、唯一国民の合意にもとづく力の行使である、と一応は言うことができるからである。だが、たとえ形式的には矛盾が存在しないとしても、それとは無関係に、この思想は実質的な困難を抱え込まざるをえないのではないか、というのが我々の抱く疑問である。力の論理との独特のかかわりによって、力の論理を排除しようとするこの思想の意図は、現実においては無力なものにならざるをえないのではないか。というのも、国民の合意形成過程そのものの内に、〈ライト〉の理念によっては統御の及ばない力の論理が入り込んでしまうからである。どの程度の課税が適正な課税なのか、という問題、どの種の自由を制限し、どの種の自由を優先させるべきか、という問題、――共同体のあり方を左右するような、そうした重要な問題に関する合意の形成過程には、明らかに〈ライト〉の思想の原則を超える力の論理が、国民相互の権力関係が入り込んでしまう。この場合、国民の合意にもとづく力の行使は、もはや〈ライト〉の思想に合致したものにはなりえないであろう。ただ単に合致しないというだけではない。〈ライト〉の思想にもとづく共同体においては、〈ライト〉の原則が力の行使をコントロールする原理とされるべきであるのに、いまやこの共同体は、そうした理念に反して、その重要な局面において逆に力の論理に支配されてしまっていることになる。そうであるとするなら、〈ライト〉の思想の実質的な意味はどこにあるのか。このことをはっきりさせるために、我々はここで次のように問わねばならない。〈ライト〉の思想にもとづく共同体の現実的形態は、権力関係の面から見るとき、この思想が退けようとする他の統治の形態と較べて、いったいどのような独自性を有するのか、と。

2 支配と服従

どんな国家も、自己を維持するためには政治権力の行使を必要とする。国内の秩序を保つために、国家は法を犯した者に対しては刑罰を科し、国民を法に従わせるよう図らねばならない。その限りでは、国家統治者と国民との間に存在するのは支配と服従の関係である。以下のウェーバーの言説は、〈ライト〉の思想にもとづく国家に対しても妥当すると言わねばならない。「国家も、歴史的にそれに先行する政治団体も、正当な(――正当なものとみなされている、という意味での――)暴力行使という手段に支えられた、人間の人間に対する支配関係である」(『職業としての政治』――強調は原著者による)。ウェーバーがここで、国家統治の手段を単なる暴力行使とは見ずに、「正当な(――正当なものとみなされている、という意味での――)暴力行使」としている点に注意しなければならない。どんな国家における支配関係でも、それが持続的なものであるためには「内的な正当化の根拠」を欠かすことができない、というのが、このウェーバーの言葉の背後にある見解である。ただ威嚇の手段だけによったのでは、統治者は長期の支配関係を維持することはできない。持続的な支配-服従関係は、被治者の側に服従への意思がなければ保たれえず、被治者が服従への意思を持つのは、被治者がこの支配－服従関係を正当なものとみなす限りでのことなのである。支配関係の継続には被治者の服従への意思が欠かせない以上、統治者はそれを喚起するために、自己が正当であることの根拠をたえず被治者に示してみせなければならない。メリアム（『政治権力――その構造と技術』）に従って言えば、統治には〈クレデンダ〉が、すなわち自己の権力の正当性を顕示するさまざまなイデオロギーが必要であり、それが被治者に受け入れられるとき、この統治ははじめて持続的なものとなりうるのである。

さてそうであるとするなら、〈ライト〉の思想にもとづく国家（以下、これを「ライト国家」と略称する）と、〈ライト〉の思想が退ける国家（便宜のため、以下、これを「専制国家」と総称する）とは、それらが内包する支配－服従関係において、いったいどのような相違を有するのであろうか。また、その相違の中には、ライト国家を唯一の正当な国家として特徴づけるようななんらかの特質が含まれるのであろうか。ウェーバーは、支配関係の内的な正当化の根拠として、以下の三つをあげている。（1）伝統的支配、（2）カリスマ的支配、（3）合法性による支配。――この分類に従えば、ライト国家における支配は（3）合法性による支配に属し、専制国家における支配は

（1）伝統的支配、あるいは（2）カリスマ的支配に属すると言えるであろう。ライト国家の国民は、〈この支配関係は合法的であり、だから正当なものである〉と信じ、この信念に従って国家権力に対する服従への意思を抱く。一方、専制国家の国民は、〈この支配関係は、「永遠の過去」から続いてきた伝統的で神聖な権威にもとづくものであり、だから正当なものである〉と信じ、この信念に従ってこの支配関係を受け入れる。あるいは、統治者の天与の資質に全幅の信頼をよせ、この信頼の念から統治者の権力行使を正当なものとして受け入れる。要するに、ここにあるのは、何を正当なものとみなすかという、国民の承認意識の内容上の相違だけであり、国民の承認意識が支配‐服従関係を支えている、という点では、両者の成立構造に変わりがあるわけではないのである。

では、国民が何を正当なものとみなしているか、という、そうした国民の承認意識の内容上の相違にもとづいて、我々はライト国家の支配形態が唯一正当なものであることを示せるであろうか。もし示すことができるとすれば、それは、「法にもとづく支配を正当なものとみなす人々の判断だけが正しく、伝統や統治者のカリスマ性にもとづく支配を正当なものとみなす人々の判断は正しくない」という主張が成り立つ限りでのことであるが、この主張が成り立つのは、「事実、法にもとづく支配だけが正当なものであり、伝統や統治者のカリスマ性にもとづく支配は正当なものではない」という命題が真である場合だけである。だが、この命題が真であることを、我々は示すことができるであろうか。法にもいろいろあり、悪法もあれば良法もある。我々は、悪法にもとづく支配を正当なものと主張することはできない。したがって、法にもとづく支配はすべて正当である、と我々は主張することはできない。そうである以上、我々の主張は、「正しい法にもとづく支配だけが正当である」というものであらざるをえないであろう。だが、正しい法とはいったいどのような法なのか。――もし我々が〈ライト〉の思想家であれば、我々は、「正しい法とは、〈ライト〉の思想に従って制定された法である」と答えるにちがいない。では、〈ライト〉の思想に従って制定された法はなにゆえに正しい法であるのか。それは、〈ライト〉の思想が正しい思想だからである、と〈ライト〉の思想家であれば答えるであろう。しかし、この答えには根拠がない。〈ライト〉の思想の正当性こそ、いままさに係争中の問題であり、我々はこれを主張の前提にすえることはできないからである。

　この窮地を脱し、ライト国家を擁護する一つのやり方が考えられないわけではない。それは、ウェーバーのいう「合法性」の代わりに、「合理性」という概念を持ち込み、この「合理性」を「国民の利益に合致する」という意味に解する方法である。すると、主張は次のような形をとることになる。「ライト国家の国民は、〈この国家における支配関係は合理的なものであって、我々の利益に合致する〉と信じ、この信念に従ってこの支配関係を正当なものとして受け入れる。この国民の判断は正しい。そして、この判断だけが正しい。なぜなら、我々は皆自己の利益を求めており、自己の利益を求める者が自己の利益になると思ったことをすることは正しいことだからである」。

この主張を補強しようと思えば、我々は丸山眞男の『現代政治の思想と行動』に従って、「支配－服従関係」と「従属関係」とを区別する観点を導入し、次のように論じることもできよう。国家の統治は統治者と被治者との間の従属関係から成り立つが、すべての従属関係が支配－服従関係であるわけではない。たとえば教師と生徒との関係は従属関係であるが、教師は生徒を支配しているのではない。支配－服従関係の原型は奴隷と奴隷所有者との関係である。しかしこの〈主人－奴隷〉的な隷属関係と、〈教師－生徒〉的な従属関係とは明らかに異なっている。ではその対蹠《たいしょ》点はどこにあるのかといえば、それは「利益志向の同一性と対立性」である。生徒の成績の向上は同時に教師の成功を意味し、生徒の失敗はまた教師の失敗を意味する、といった具合に、教師と生徒とは同一方向の利害関係によって結び合っている。これに対して、奴隷と主人とは、利害関係において真正面から対立している。主人はできるだけ奴隷を使役しようとし、奴隷はできるだけその使役から逃れようとする。鞭《むち》や鉄鎖による物理的強制だけが奴隷と主人とを結ぶ絆なのであって、こうした区別を踏まえれば、専制国家における従属関係が〈主人－奴隷〉的な支配－服従関係に属し、他方、ライト国家における従属関係が〈教師－生徒〉的な従属関係に属することは明らかである。そもそもライト国家は、国民が自己の利益の増大をはかって形成した共同体であり、この国の政府は、そうした国民の信託によって樹立されたものだからである――。

だが、このような区別を導入した上で、純粋な〈主人－奴隷〉的支配関係は国家的統治の現実においては存在しえない、とする丸山の見解を、ここで我々は度外視するべきではあるまい。これを度外視すれば、我々は丸山の論旨を曲解することになる。丸山の言うように、奴隷労働ほど非能率的なものはないし、国家統治において統治者と被治者との間にこのような対立の緊張関係しか存在しない場合には、被治者を抑えこむために統治者が維持しなければならない権力機構はいたずらに巨大なものとならざるをえない。そればかりでなく、このような国家は、その存立基盤をなす対外的防衛の面において、著しい脆弱性と危険性をはらむことになる。そこで、今日まであらゆる統治関係は、一方において権力・富・名誉・知識・技能等の価値をさまざまな程度と様式において被治者に分配し、それによって本来の支配関係を中和するような物的機構を発展させると同時に、また他方において、統治を被治者の心情のうちに内面化し、それによって服従の自発性を喚起するような精神的装置を発展させてきたのである（前掲書、「支配と服従」）。

この丸山の見解は、決して彼ひとりの独自な見解ではなく、ウェーバーやメリアムにも共通する見解である。たとえばメリアムは、『政治権力』の中で次のように述べている。「〔統治者が〕全体的な利害と全体に対する責任とを主張するということは、単に利己的な搾取を言葉でごまかすものにすぎないということも、それなりに真実であるかもしれない。しかし、いずれにせよ、〈共通の利益〉に敬意を払うことは、権威の基礎を得るための代償である。この代償は、専制君主やデマゴーグによっても、また家畜の世話をするのと同じように人民の世話をしなければならない世襲の支配者や、さらには、威信と支配とを求めるやり方の一つとして媚びたりへつらったりするような人気とりの権力者たちによってもまた、支払われざるをえない」。——このメリアムの見解が、また丸山の見解が真実であるとするなら、我々は、ライト国家における従属関係と専制国家における従属関係との相違を、どこに求めればよいのであろうか。また、ライト国家の正当性の根拠を、どこに求めればよいのであろうか。どんな国家においても、統治者は従属関係の「内的な正当化の根拠」の明示を必要とするだけでなく、また同時に、国民の全体的な利益への配慮をも怠るわけにはいかない。どんな国家の国民も、それが正当なものであり、また自己の利益になると信じるから、自発的にその国家の従属関係の内に身をおこうとするのであり、そうした国民の自発的な服従への意思によってこそ統治の持続性は保たれる。そうであるとすれば、我々は、ライト国家における従属関係と専制国家における従属関係との相違点を、もはや「利益志向の同一性と対立性」に求めることはできないことになる。したがってまた、ライト国家の正当性の根拠を、「国民の利益に合致する」という意味での「合理性」に求めることもできないことになる。

さらに我々は、この相違点を、それが国民のケンリを保護するものであるかどうか、という点に求めることすらもできないように思われる。統治の継続性を保つために、国民の利益を配慮せざるをえない統治者は、たとえ彼が専制君主であったとしても、同時に国民のケンリの保護に対する配慮をも怠るわけにはいかないからである。前章で我々は、福沢の「私権論」について言及したが、「私権論」においてここでの福沢の主張の背後にあったのは、まさしくそのような認識である。「いずれの国においてもその人民の私権を重んぜざるものあらんか、私有生命栄誉共に危くしてはなはだしきは弱肉強食の惨状を呈し、一日も立国の体を成さざるべし」と述べる福沢は、『通俗民権論』（明治十一年）の中で次のように書いている。

封建の時代に士族たる者が何か恥辱を蒙れば、武士の一分相立たずとて大いに怒ることあり。即ちこの一分とは、武士たる者の権理ということにて、分の字と権の字とその意味誠によく符合せり。譬えば、昔帯刀して馬に乗るは武家の身分に限りたる免許なりしに、百姓町人などがひそかに騎馬して武士に行き逢い、かえって武士をして道を避けしめんとするが如き挙動あれば、武士の面目はこれがために穢されてその一分相立たず、即ち権理を犯されたることとなり。

福沢がここで「権理」と等置する「一分」とは、統治の秩序の中で人が正当なものとして持つことを許されたそれぞれの「持ち分」といったほどの意味である。封建的統治のヒエラルキー構造の中では、下層にいくほど被治者の「一分」は、つまり「権理」は制限され、限定されたものになっていくが、しかしこのような体制においても、下層民の「権理」が全く認められないわけではない。統治者は、被治者の自発的な服従への意思を必要とするのであり、そうである限り、下層民に対しても最小限度の「権理」を認めないわけにはいかないのである。

だが、いまはもう一度〈ライト〉の思想の理念を思い起こすべきときであるかもしれない。〈ライト〉の思想が問題にしたのは、右のような統治体制が〈ライト〉の思想の平等主義に反する、ということであった。統治者が被治者のケンリを保護するとしても、保護されるものがあらゆる被治者の「平等なケンリ」でないとすれば、我々はこの統治体制を正当なものとして受け入れるわけにはいかない。統治の都合によって認められたり認められなかったりするようなケンリは、我々の求める〈ケンリ〉とは本質的に異なったものであり、我々が求める本来の〈ケンリ〉を手に入れるためには、我々は民主制の国家を樹立しなければならない、というのが〈ライト〉の思想家の言い分であった。——では、この言い分にもとづいて、我々はライト国家の独自性と正当性を示すことができるであろうか。それを示すためには、我々は、ライト国家が実際に国民の「平等なケンリ」を保護しうる国家である、ということを示すことができるのでなければならないであろう。また、平等主義がたしかに正当な根拠を持った思想である、ということを示すことができるのでなければならないであろう。だが、それはきわめて困難であるように思われる。ライト国家においても、平等主義の理念は畢竟実現されえないのではないか、というのが、我々の検討の結果生じた疑問であった。それに、そもそもなぜ人は平等であるべきなのか、という問いに対する答えを、我々は持っていない。たとえばアリストテレスは次のように書いている。「〈正〉とは〈均等〉を意味する。このことは論をまたずして万人の認めるところであろう。（……）もし当事者が均等な人々でないならば、彼らは均等なものを取得すべきではないのであって、ここからして、もし均等な人々が均等ならぬものを、あるいは均等ならぬ人々が均等なものを取得したり配分されたりすることがあれば、そこに闘争や悶着が生じるのである。さらに、〈価値に相応の〉という見地から見ても、このことは明らかであろう。けだし、配分における〈正しい〉分け前は、なんらかの意味における価値（アクシア）に相応のものでなくてはならないことは、だれしも異論のないところであろう」（『ニコマコス倫理学』）。このアリストテレスの考え方からすれば、統治者が被治者の地位や能力に応じてそのケンリを配分することはむしろ正当なことだということになる。この考え方に対して、我々はどのような反駁の論拠を持ち合わせているのであろうか。少なくとも、これまで考察した限りでの〈ライト〉の思想は、このような問いを発することすらせず、平等主義の正当性を自明の前提として無批判に受け入れているように思われる。〈ライト〉の思想が平等主義の正当性の根拠を明示しえないとすれば、我々が〈ライト〉の思想家の言い分にもとづいて、ライト国家の正当性を主張することも不可能であると言わねばならない。

さらに、統治者が統治の必要上被治者に対して認めるケンリと、〈ライト〉の思想が求める〈ケンリ〉とは本質的に異なったものである、という見解に対しても、我々は疑問を呈することができる。ライト国家における国民の〈ケンリ〉も決して不変のものではなく、どの種の〈ケンリ〉が認められるか、また認められないかは、国民相互の権力関係に応じて、また時代状況の変化に応じて容易に変わりうるからである。ライト国家における国民の〈ケンリ〉と、専制国家における国民のケンリとの間にもし性質上の相違があるとするなら、その相違とはいったいどのようなものなのか。次に検討しなければならないのはこのことである。

3　権利の成立根拠

国家の統治者は、統治の継続性を保とうとすれば、国民に種々のケンリを認めて、これを保護しなければならない。たとえ彼が専制君主であったとしても、そうである。では、ライト国家の国民が持つ〈ケンリ〉は、この種のケンリとは異なるなんらかの特質を有するのであろうか。この問題を考察する上で、手がかりとして役立つのは、加藤弘之の『人権新説』（明治十五年）と、それに対する植木枝盛、矢野文雄らの反論である。『人権新説』は、加藤がそれまでの自己の立場でもあった「天賦人権主義」を否定して、「天賦人権なるものは本来決して実存するの証あるにあらずして、全くの学者の妄想に生じたるものなること」を示そうとし、これを論証するために「権利の始生」についての見直しを図ろうとしたものである。自己批判の体裁をとりながら、〈ライト〉の思想に対して敵意を露わにしたこの書は、当時の明治政府の自由民権運動に対する厳しい弾圧政策を擁護しようとするものであり、この点でかなりのイデオロギー的性格を持つことは免れない。しかし、逆にそのことによって、この書は、今日我々の世界で支配的なものになっている〈ライト〉の思想の神話的性格と、この神話が覆い隠している問題点の所在とを浮かび上がらせるものになっているように思われる。その意味でこの書は、我々にとっては無視できない素材なのである。

加藤はこの書で、ダーウィンの進化論に依拠しながら論述を進めている。進化論という「生存競争と自然淘汰作用」の理論から彼が読み取ったのは、この世界が「一大修羅場」であり、そこには「優勝劣敗の定規」が支配している、ということであった。万物はおのおの自己の生存を保ち、自己の成長を遂げるために、一大修羅場でたえず競争をして、互いに勝敗を決しようと努めている。しかし必ず優者が勝ち劣者が敗れる、というのがその結果であって、こうした〈優勝劣敗〉の法則が支配するのは我々人類においても例外ではない。そして、それが「実理」であるとすれば、〈人は生まれつき自由であり、皆平等に同等の権利を有している〉と説く天賦人権主義は、何の根拠も持たない「妄想」であると言わざるをえない。――加藤がこう述べるとき、それによって彼は、人が種々の権利を持つ、ということを否定しようとしているわけではない。彼が否定するのは、人の持つ権利が「天賦のものであり、万人に平等に与えられたものである」とみなすことである。問題は、「権利の始生」をどう考えるか、ということなのである。

この問題についての加藤の見解は、人の持つ権利が「専制の大権力を掌握する治者すなわち最大優者の保護によって、国家の成立とともにはじめて生じたもの」であって、国家を離れて存在しうるものではない、というものである。加藤によれば、国家は、親族や部落といった小集団が団結協力して相互の保護をはかる必要が生じたときに形成される。その場合、その中の最大優者がそれらの小集団を統一して強固な社会を建設しようとするが、人々の間で〈優勝劣敗〉だけが行われていたのでは強固な団結共存は不可能になる。そこで最大優者は、専制の権力を用いて、諸優者の自由放恣な行動を禁じる措置を講じる必要に迫られる。この措置が、人民に権利と義務とを与える、ということなのである。すなわち、或る優者がみだりに人を殺傷したり、人の財産を略奪したり、人を侮辱したりした場合、最大優者はこの優者を死刑、放逐、その他の方法で処罰することによって、以後このような行為が行われないようにする。これによって人民は、「互いに他人の生命・財産・名誉等を侵害すべきではない」という義務と、「互いに自己の生命・財産・名誉等を侵害されない」という権利とを持つようになるのであり、このように、人民の権利は国家の創設とともにはじめて生じるものなのである。ただし、これによって人民は、すべて同等の権利を与えられるわけではない、と加藤は言う。人民がそれぞれ所属する小集団には強弱大小の差異があり、各人の権利はこの差異に応じて与えられねばならないのである。

　この加藤の見解が専制国家における権利の始生に関するものではなく、権利一般の始生に関するものであるという点に留意しなければならない。もし加藤の論考が専制国家における権利の始生についてだけ論じたものであるとすれば、この論考は、「専制国家においては人民は権利を持つことができない」という独断的な見方を排するだけの意味しか持たないことになろう。しかし、加藤が論じているのはあくまでも権利一般の始生についてであって、彼の主張は、これ以外の仕方での権利の始生はありえない、というものなのである。彼の論考がこのようなものであるとすれば、その眼目は以下の四点を示すことにあると言えるであろう。（1）総じて人の権利は人為の法《ノモス》である国家の法にもとづき、自然の法《ピュシス》にもとづくものではないこと。(2)この国家の法は共同体の秩序の維持を目的とするものであり、この目的を実現するために、国民が力の論理に訴えることを禁止するものであること。(3)法によって支えられたこの共同体の秩序の中で、人は、各々が共同体において有する力関係に応じて、それぞれ異なった権利を認められること。(4)この国家の法は権力を有する国家統治者の権力行使によって支えられるものであり、したがって力の論理(=優勝劣敗)にもとづくものであること。——つまり、「〔国家の統治者が〕優勝劣敗の作用を制するのに、ひとしく優勝劣敗の作用をもってする」ことから、その結果として国民の権利は生じるのであり、「権利の始生」はそれ自体が力の論理の所産にほかならないのである。

さて、この加藤の所説は、ライト国家における国民の〈ケンリ〉についてどの程度妥当するであろうか。彼の見解が権利一般の始生に関するものであるとすれば、この見解は当然ライト国家における国民の〈ケンリ〉に関しても妥当するものでなければならない。ただし、加藤自身はそうは考えていない、ということにも触れておく必要がある。加藤からすれば、〈ライト〉の理念にもとづく民主制国家は、「実理」に反する「妄想」によって形成された国家であり、そのために、かつてフランス革命時においてそうであったような、「前古無比の暴政」に陥らざるをえないものなのである。――しかし、我々はこうした加藤の言説を、根拠のない主張として退けるべきであろう。我々がこの言説を退けるべきだと考えるのは、それを独断的イデオロギーにもとづく民主主義排撃のプロパガンダとみなすからではない。また、今日、「前古無比の暴政」に陥っていない多くのライト国家が現実に存在している、という事実認識によってそう考えるからでもない。そうではなく、ライト国家における〈ケンリ〉も、加藤のいう意味での（つまり「実理」から生じたとされる）「権利」と同種のものではないか、と考えるからである。「権利の始生」についての加藤の所説は、ライト国家に関しても妥当するものであり、したがってライト国家における国民の〈ケンリ〉も、専制国家における国民の「権利」と性質的に異なるものではないのではないか。――我々がそう考えるのは、ライト国家における国民の〈ケンリ〉に関して、次のように言うことができると思うからである。（1）この〈ケンリ〉は、国民の合意によって制定された法としての――つまり人為の法《ノモス》としての――国家の法にもとづいている。（2）この国家の法は、共同体の秩序の維持を目的とするものであり、この目的を実現するために、国民が力の論理に訴えることを禁止するものである。（3）法によって支えられたこの共同体の秩序の中で、人は、利害関係の一致・不一致にもとづく力関係に応じて、それぞれ異なった権利を認められる。（4）この国家の法は、主権者である人民の信託を受けた国家統治者の権力行使によって支えられるものであり、したがって力の論理にもとづくものである。――この四点は、加藤の論考が提示している四つの論点のバリエーションにほかならない。加藤の（おそらくは意図的な）誤り、それは、「多数の者は一人の者よりも強い」（プラトン『ゴルギアス』）ということを度外視しようとする点にある。力の論理を「実理」として認め、国家の統治者は「最大優者」でなければならない、ということを認めたとしても、「或る状況においては多数である人民が一人の優者よりも力において優ることがあり、そのような場合のほうが多い」ということを同時に認めれば、人民が主権者となる民主制国家の樹立は、「優勝劣敗」の「実理」にむしろかなったことだということにならざるをえないであろう。

我々の解釈は、〈民主制国家は「実理」に反する「妄想」によって形成された国家である〉とする加藤の見解を退け、〈民主制国家は「実理」にかなった国家である〉とするものであるが、こうした主張をおそらく〈ライト〉の思想家は認めないであろう。この主張を認めることは、〈ライト〉が力の論理の所産であり、人為の法《ノモス》にもとづくものである、ということを認めることだからである。というよりもむしろ、力のありうるであろうか。

論理こそが唯一の「自然の法《ピュシス》」であり、〈ライト〉はこの「自然の法《ピュシス》」の所産である、ということを認めることだからである。この我々の主張に対して、どのような反論がありうるであろうか。

興味深いのは、加藤に対する植木の反論(『天賦人権弁』)や矢野の反論(『人権新説駁論』)が、あたかも我々の主張に対する反論であるかのような形をとって展開されていることである。彼らが問題視したのは、「権利は最大優者による国家の創設とともに生じる」という主張であり、この主張に対する彼らの反論の論拠は、〈「権利」と「権利の保安」ないし「権利の実行」とは区別されねばならない〉ということであった。植木によれば、国家の創設によって生じるのは、「権利の保安」であって、「権利の本然」ではない。たしかに国家が形成される以前の未開社会では、野蛮な戦闘がくり返され、人々の権利は侵害されることが多いであろうが、しかしこのことは、人々がそこでは「権利の保安」を得られない、ということであって、この社会に「権利」が存在しない、ということを意味するものではない。加藤の主張は、「権利の保安」と「権利」そのものとを混同する誤った観点から成り立っており、区別を明確にするならば、加藤が論じているのは「権利の始生」ではなく、「権利保護の始生」であるにすぎないのである。矢野もまた、植木と同じく「権利は実行されなくとも存在する」と考える立場から、次のように述べている。天体や引力はガリレオやニュートンによって発見されたが、この発見以前に天体や引力が存在しなかったかといえば、むろんそうではない。同様に、アメリカの独立以前にアメリカの人民が、あるいはその祖先が権利を有していなかったかといえば、そうではない。そこでも権利は存在していたのであり、ただ圧制者がこの権利の実行を妨害していたにすぎないのであって、それはちょうど太陽が雲霧にさえぎられて見えなかったのと同じ状態なのである。

力の論理の所産であるのは、「権利の保安」ないし「権利の実行」であって「権利」そのものではない、という、この植木や矢野の反論を、我々は受け入れることができるであろうか。彼らの見解は、一つの前提の上に成り立っている。それは、「権利の保安」ないし「権利の実行」と、「権利」そのものとが別のものである、という考え方である。この前提の下に立てば、たしかに加藤の論理は不明確の誹《そし》りを免れないであろう。しかし、加藤の論理は、この前提を否定しようとするものなのである。「天賦の権利が存在する」という主張を否定すること、それは、「権利」がその保安や実行を離れてそれとは別のものとして存在する、と考えることを否認することにほかならない。権利はその保安と実行とをともなってはじめて権利として存在しうるのであって、保安と実行をともなわないような権利は権利と呼ぶに値しない、と加藤は考えるのである。

　この加藤の見解は、不当なものであるように見える。加藤の考え方が正しいものであるとすれば、人間は弱肉強食の社会では生存や所有の権利を持たない、ということになるが、このような主張は、我々の一般的な通念に反しているように思われるからである。生存や所有の権利は、時代や地域を超えてだれに対しても認められねばならない普遍的なものである、というのがおそらくは大方の見方であろう。だが、それが我々の通念であったとしても、いったい我々がそうみなさねばならない根拠は何なのか。それが神話でないと言える根拠は何なのか。問題はこのことである。天賦人権論は、この根拠への問いに対する一つの回答であった。だれもがいつでも生存や所有の権利を持つと考えられねばならないのは、それが天賦のものであるからだというわけである。しかし、いま加藤が問題にしているのは、この答えがはたして正当なものであるのかどうか、ということである。そして、この答えは全く根拠のない一つの妄断にすぎない、というのが加藤の主張なのである。

4　権利の尊重と力への意志

植木と矢野は、加藤の天賦人権論批判に反撃するために、権利は人間の心の天性に由来するものである、という見解を提示している。人間の心には権力を好む天性があり、その限り人間は力の論理が支配する世界に身をおかざるをえないが、しかし、人間の心にはまた道徳的感情や、他の人々との共同への志向も天性として存在するのであって、「権利」の理念は心のそうした天性から生じるものだというのが彼らの考え方である。この考え方に従えば、「権利の保安」は力の論理が支配する現実世界に位置するが、「権利」そのものはそれとは別の理念的‐道徳的世界に位置し、しかもこの理念的‐道徳的世界は人間の心の内なる世界として確実に存在している、ということになる。

この考え方は、それなりの説得力を持ったものであるように思われる。我々は善悪を判別する道徳的意識を持ち、この道徳的意識にもとづいて「他人の権利を侵害してはならない」と判断するのだ、と考えることは自然なことであるように思われるからである。我々が道徳的意識を持つ限り、権利尊重の理念は普遍的な理念として我々の内面世界に座を占め、我々の行動を導く指針となる、――こう考える立場を仮に〈ライト〉の道徳主義と呼ぶならば、この道徳主義を最も厳密な形で理論的に基礎づけようとしたのは、十八世紀のドイツの哲学者・カントであるといえよう。カントは、普遍的な道徳規範の基礎を問い、人間を「目的それ自体」として扱うべきだということ、したがって単なる手段としては扱うべきでないということが「あらゆる人間の行為の自由を制限する最上位の条件」であり、道徳規範の基礎におかれるべき根本原則であると論じた（『道徳形而上学の基礎づけ』）。他人の財産や自由に対する侵害が許されぬ行為であることは、この道徳的原則から導き出される。「人間の権利を侵害する者が、他人の人格を単に手段として用いようとしていて、この他人が（……）同時に目的として評価されるべきだということを考慮に入れていないことは明白である」からである。カントは、人間を「目的それ自体」として扱うべきだ、という道徳的原則によって支配された道徳的人間の共同体を「目的の国」と名付けたが、この「目的の国」は、あるべき共同体の理念として、道徳的存在である我々にとっての究極的な実現目標であり続けるのである。

だが、この〈ライト〉の道徳主義に対しては、さまざまな反論がありうる。なかでも最も尖鋭なのは、ニーチェのそれであるといえよう。ニーチェは我々の道徳的意識を、あるいは道徳そのものを、「力への意志」の所産として捉えるからである。或る遺稿の中で、彼は次のように書いている。「我々の価値評価や道徳的な善はどういう価値を持つのか。それらが支配することによって、何が生じるのか。だれにとってか。

何についてか。――答えは、生にとってである。しかし生とは何か。（……）それに対する私の答えは、こうである。生とは力への意志である」。ニーチェによれば、我々の生にとって最も根源的なものは、自己の力を増大しようとする「力への意志」であって、道徳的価値評価を含む一切の価値評価は、我々の生がこの「力への意志」を成就するための手段として形成する一種の道具にすぎない。道徳が我々の生を規定するのではなく、逆に我々の生が道徳を規定するのだ。カントの道徳にしても、事情に変わりはない。カントの道徳は、キリスト教的道徳にもとづく小市民的な「畜群」の道徳として特徴づけられるものであるが、このキリスト教的道徳は、弱者たちが強者に対抗し、強者を自己の支配下におくために作り出した自己解放の装置にほかならない。弱者たちは、強者の価値評価（強さ＝高貴＝優良、弱さ＝低劣＝劣悪）を逆転して、「強さ＝残忍＝悪、弱さ＝温順＝善」という新たな価値評価を捏造し、それを神性の名において正当化することによって、自己の「力への意志」を成就しようとするのである。

カントの道徳、植木や矢野の道徳は他人の権利の尊重を至上命題とするが、こうした価値評価は、ニーチェからすれば、強者に対抗しようとする弱者の「力への意志」に由来するものだということになる。この見方に立てば、「権利」の理念が人間の道徳意識に存在の場を持つとしても、この道徳意識そのものが力の論理の内部にある、ということになるであろう。こうしたニーチェの言説を、我々は根拠のない形而上学的思弁だとして退けることはできない。ラッセルも指摘するように、道徳は事実、政治権力と深い結びつきを持ち、権力維持の手段として機能してきた（『権力――その歴史と心理』）。「従順であれ」、「目上の者を敬え」といった道徳の教えは、明らかに体制維持の役割を果たす。明治政府が国民教育の場で「仁義忠孝」の徳や「君臣父子の大義」を喧伝したのも、それが体制の維持発展にとって有益であると考えられたからであった。同様の考え方から、加藤の言う「専制の大権力を掌握する最大優者」も、「他人の権利を尊重することは国民の道徳的義務である」と宣言するであろう。カントの道徳、植木や矢野の道徳が、この種の「権力道徳」（ラッセル）でないとあえて言わねばならない理由は、いったいどこにあるのか。我々は、プラトンの対話篇『ゴルギアス』の中のカリクレスの言葉を真剣に受けとめるべきである。

　ぼくの思うに、法律の制定者というのは、力の弱い者たち、すなわち世の大多数を占める人間どもなのだ。だから彼らは、自分たちのこと、自分たちの利益のことを考えにおいて法律を制定しているのであり、またそれにもとづいて賞賛したり非難したりしているのだ。つまり彼らは、人間たちの中でもより力の強い人たち、そしてより多く持つ能力のある人たちを脅して、自分たちよりも多く持つことがないようにするために、余計に取ることは醜いことで、不正なことであると言い、また不正を行うとは、そのこと、つまり他の人たちよりも多く持とうと努めることだ、と言っているのだ。というのは、思うに、彼らは自分たちが劣っているものだから、平等に持ちさえすれば、それで満足するだろうからである。

いま我々に求められているのは、「力への意志＝非道徳的＝悪、権利の尊重＝道徳的＝善」といった二項対立的な捉え方からの脱却をはかることである。こうした二元論的な図式によって〈ライト〉の問題を考えることは、〈ライト〉の道徳主義にとらわれた立場で〈ライト〉の問題を考えることであり、それによっては我々はこの道徳主義そのものの正否を問う観点に立つことも、また〈ライト〉の思想を相対化する観点に立つこともできない。二項対立的な捉え方から脱却して、〈ライト〉の道徳主義の外部へと赴くことは、カリクレス＝ニーチェ的観点に立つことを意味するが、ここで我々は、「権理」の思想家として出発した福沢のその後の思索の歩みに触れないわけにはいかない。彼の思索の歩みを特徴づけているのは、まさしくそうしたカリクレス＝ニーチェ的観点の獲得であったと言うことができるように思われるからである。

『国会論』の中で、福沢は次のように書いている。「社会に棲息して権力を好むは、もと人類の天性にして、傍らよりこれを是非すべきものにあらず。これを好むも可なり、これを取るも可なり。これを取るべきの路を得て、誰れかこれを辞するものあらん。今、全国人民の国会を熱望するもまた、他なし、ただ権力を好むの天性に出たるものなれば、政府の当路者もまた、ただその地位を異にするのみにて、その権力を好むの心事に至りては、まさしくこの人民と異ならざれば、すでに掌握したる権力を損することなからんと欲するは、もとより当然のことなり。決してこれを咎むべきにあらず。（……）官民相互いに権を求めるこそ人類の真面目なれと言わんのみ。文明開化はすなわち競争の間に進歩するものなれば、官民の競争は国の為に賀すべきにあらずや」。

この文章を福沢が公にした明治十二年は、植木らの努力が実って、国会開設の請願運動が愛国社を中心として全国規模で盛り上がりを見せはじめていた時期である。翌十三年には、国会期成同盟が結成され、政府はこれを抑えるために集会条令を公布している。このような時期にあって福沢は、政権参与を政府に対して迫る民権派の要求も、それに対する政府の弾圧の姿勢も、いずれも人間の「権力を好む」天性から出たものであるとするのである。いま福沢は、「権理」の思想家であったかつての福沢とは明らかに異なった立場にたっているといえよう。「権理」の思想、それは「力による支配の排除」という理念の上に成り立つ思想であった。たしかに、「理」を受け入れようとしない「力」の現実が存在する以上、「権理」の思想も「力」の行使によって支えられねばならない。しかしこの「力」は、「理」の要求を受け入れるように迫る力であり、「権理」の思想に立脚する者から見れば、「理」の正当性に応じた正しさを持っている力である。「権理」の思想からすれば、排除されるべき力と、これを排除するための力とは、はっきりと区別されねばならないものである。ところがいま福沢は、あらゆる力の追求は「人類の天性」から出たものであり、だから「是非すべきもの」ではない、と述べている。自由民権運動が一連の展開を終えてから、この運動を「無事に苦しむ士族の流が一時の戯に民権論の技を演じたるもの」と総括することになる福沢であるが、明治十二年時の彼は、この運動に人民の巨大な「力への意志」を読み取り、それを政府側の「力への意志」と同質の、正邪を超えた根源的衝動として捉えるのである。

この時期、福沢はまた、〈ライト〉の訳語として「権利」の語を用いるようになっている。このことも、そうした彼の思想の転回と密接なかかわりを持つものと考えることができる。かつての福沢が〈ライト〉と〈利〉との相即不離の関連を知りながら、

「権利」よりも「権理」の語を訳語として採用したとき、〈ライト〉の概念は、人々の〈利〉の追求を正当化する概念であるよりも前に、正邪を弁別する〈理〉として機能すべき概念であるとみなされていた。社会規範の基礎におかれるべき〈ライト〉は、福沢にとっては、どのような利の追求が正当なものであり、どのような利の追求が不当なものであるかを示す正邪弁別の原理とならねばならないものであった。ところがいま、あらゆる利の追求は、人間の根源的衝動としての「力への意志」と関係づけられて解釈されることによって、正邪を問う〈理〉の世界から、正邪がもはや問題とならない「善悪の彼岸」へと連れ出される。どのような利の追求も、〈理〉によって「是非すべき」ではないような人間の根源的衝動から生じたものだということになる。すべての〈利〉の追求は、それが〈理〉を超えた「力への意志」から発したものである以上、〈理〉によっては退けることのできないものなのであり、〈権力関係さえそれを許せば〉だれもが求めても当然のこと、つまり各人の〈ライト〉なのである。――福沢がそう考えたとすれば、ここでは〈ライト〉はもはや〈理〉との結びつきを持ったものとはみなされず、むしろ〈理〉を退ける概念として理解されていることになる。こうして、〈ライト〉の訳語としては、「権利」の語のほうがふさわしいと考えられることになるのである。

福沢の、そしてニーチェの言説が何かおぞましいものとして感じられるとすれば、それは、そう感じる者がまだ〈ライト〉の道徳主義にとらわれているからである。しかし、「力への意志＝非道徳的＝悪、権利の尊重＝道徳的＝善」というこの道徳主義の価値評価こそ疑わしいものであることは、「力への意志」の具体的な発現形態を考えてみれば明らかになる。たとえ他の人々に較べて肉体的・精神的にどれほど優る人物であっても、他の人々を支配する権力を獲得し、この権力を維持発展させようとすれば、彼は自己を中心とした共同体（仲間や家臣団）を形成する必要に迫られるであろう。プラトンやホッブズも言うように、力においてどれほど傑出した強者でも、独りでは、所詮共同した弱者の力には及ばないからである。「力への意志」を抱く者は、こうして必然的に「共同への意志」を抱かざるをえない。そして、彼がこの共同体の中で自己の権力を維持していこうとすれば、先に触れた統治の論理によって、彼はこの共同体の成員全体の利益に配慮を払わねばならず、成員各人に種々の権利を認めねばならない。「力への意志」を抱く者は、こうして必然的に他者の権利を承認し尊重せざるをえないのである。「力への意志」と「権利の尊重」とが決して相反するものではなく、それどころかむしろ相即不離の関係にあることは明らかである。

いま、社会秩序が形成される以前の自然状態にある人々が、それぞれ「力への意志」を抱き、自己の「力への意志」の実現をはかろうとしていると仮定してみよう。そして、そのうちのごく少数の人々を除いて、大多数の人々は、自分を力において他の人々と同等であるとみなしていると仮定してみよう。この場合、大多数の人々は、自分と力において同等である（とそれぞれがみなしている）他の大多数の人々と共同して、力において優る人々を自己の支配下におくことが自己の「力への意志」の実現につながると考えるであろう。そして彼らは、共同体を形成しようとし、その際、（それぞれが力において同等であるとみなし合っているので）相互に平等な権利を認め合う契約を交わすであろう。そのとき彼らは、共同体の結束を強固なものにしようとして、「権利の平等」という約定を聖化し絶対化しないであろうか。聖化し絶対化するために、「力への意志」に由来を持つこの約定の出自を自ら隠蔽し、むき出しの「力への意志」に〈悪〉のレッテルを貼るという道徳的操作を行わないであろうか。そのようにして道徳的仮構を作りあげた場合でも、しかし彼らは自己の「力への意志」そのものを放棄してしまうわけではない。彼らは依然として「力への意志」を抱き、あらゆる機会をとらえて、共同体の内部で自己の力を増大しようと努め続ける。彼らの「力への意志」の発動は、もはやむき出しの形のものではなく、共通のルールに則った利の追求という形をとるであろう。そして彼らは、利害において一致する他の人々と共同することで、自己の「力への意志」の成就をはかろうとするであろう。そこに形成されるのは、利害において一致した諸々の集団相互の権力関係である。――ライト国家が権力関係を内包せざるをえないのは、このような理由からであるように思われる。

第六章　〈ライト〉の思想の問題状況

1　起源と正当性の問題

〈ライト〉の思想は、人間の本性に起源を持つ思想である。この人間の本性とは、生の根源的衝動としての「力への意志」である。我々の大多数は自分を力において他の人々とほぼ同等であるとみなしているが、そのような自己認識を持つ多数者が、力において自己に優る少数者に対抗し、自己の「力への意志」を成就しようとするときに必要とする戦略的武器、――それが〈ライト〉の思想である。自己の「力への意志」を成就しようとする欲求は、言い換えれば自己の根源的衝動を満足させようとする欲求であり、自己の〈利〉を獲得しようとする欲求であるから、〈ライト〉の思想は、自己の〈利〉の追求を本性とする人間の欲求に由来する思想であると言ってもよい。

れるのにふさわしい思想なのである。

〈ライト〉の思想は、まさしく「権」と「利」の思想であり、〈権利〉の思想と命名されるのにふさわしい思想なのである。

〈権利〉の思想を内実とするこの思想が、自己を規定するのに〈ライト〉という名称を選んだのは、実に巧妙な方策だと言わねばならない。〈権利〉という内実に〈ライト＝正しいこと〉という名前が付けられるとき、この思想は、それ自体「正しいこと」として受けとられ、この思想の根拠と正当性を問うまなざしは、それによって遮られてしまう。〈ライト〉の思想が支配する社会では、この思想の正当性は自明の前提とされ、この思想がなぜ正しいのか、と問うことは無意味な問いとならざるをえない。この思想に付与された〈ライト〉という名称は、この思想の内実を覆い隠し、この思想を聖化し絶対化する封印の役割を果たすのである。――だがこう述べたからといって、誤解しないでもらいたい。〈ライト〉の思想は正当性を持たない思想である、と私は言おうとしているわけではない。私が言おうとしているのは、この思想が戦略として「力への意志」という自己の出自の隠蔽を必要とする思想だということだけである。「力への意志」というこの思想の出自そのものは、正当でも不当でもありえない。それは我々人間が一般に持つ根源的衝動であり、正邪が問題にならない「善悪の彼岸」に位置するものだからである。

私の見解が誤解を招くものであったとすれば、それはおそらく、私がカリクレスやニーチェの言説を引き合いに出したからであろう。カリクレス＝ニーチェが〈ライト〉の思想の虚構性を明るみに出すとき、彼らはそれによって、この思想が正当性を持たない誤った思想であることを示そうとしているからである。たとえばカリクレスは、次のように述べている。「自然そのものが直接に明らかにしているのは、優秀な者が劣悪な者よりも、また有能な者が無能な者よりも多く持つのが正しい、ということである。そして、それがその通りであるということは、自然がいたるところでこれを明示している（……）。正義とは、強者が弱者を支配し、そして弱者よりも多くを持つことであるというふうに、すでに決定されてしまっているのだ」。カリクレスからすれば、平等主義にもとづく〈ライト〉の思想は、弱者が強者に対抗するために捏造した虚偽の創作物であり、数の力がこの虚偽を真理として通用させているだけだということになる。——しかし、カリクレス＝ニーチェのこうした見解が論理的に筋の通ったものだとは私は考えない。彼らは〈ライト〉の思想の虚偽性を示すために、「強者が弱者を支配するのが正しい」と主張しているが、数は力になるということ、つまり「多数の者は一人の者よりも強い」（ソクラテス）ということを認めれば、多数の弱者が共同して少数の強者を支配することも正しい、ということになるからである。

加藤の『人権新説』の欠陥も、カリクレス＝ニーチェの論理が持つこうした欠陥と同質のものであったといえよう。加藤の主張は、「権利は最大優者による国家の創設とともに生じる」というものであったが、共同した多数者が大きな力の主体になりうるということ、つまり「最大優者」になりうるということを、彼は（おそらく意図的に）完全に無視しているのである。

このように論じると、ふたたび誤解が生じるおそれがあるので、ここでもう一つ付け加えておかねばならない。それは、カリクレス＝ニーチェの論理的欠陥を指摘することが〈ライト〉の思想の正当性を根拠づけることにつながるわけではない、ということである。ソクラテスのようにカリクレスの言説を逆手にとることで、〈ライト〉の思想の正当性を示すことができると考えるとすれば、それは誤りである。カリクレス＝ニーチェの主張を反駁して、「力のある強者が力のない弱者を支配することが正しい。しかるに多数者は少数者よりも力において優っている。ゆえに多数の弱者が少数の強者を支配するのが正しい」と主張したとすれば、この主張は、「力による支配」が正当であることを大前提として認めていることになる。だがこの大前提を否定することこそが、〈ライト〉の思想の正当性を主張するときに求められる大前提なのである。「力による支配」が正当であることを認めれば、〈ライト〉の思想は専制的支配の不当性を主張することができなくなってしまう。この思想が「力への意志」という自己の出自を隠さなければならないのも、こうした事態に陥ることを避けようとするからなのである。

〈ライト〉の思想の正当性を示そうとする試みは、これまで数多くなされてきた。ロックやロールズの試みがその代表格であるが、しかしそのいずれもが正当性の基礎づけとしては不充分であり、論証に成功しているとはみなし難い。それもそのはずで、これらの論証は、本来白黒が問題になりえないようなことがらに関して白黒を決しようとするものだからである。ロックの論証に関しては、すでに本書の「序文」において論じた通りである。ロールズについては後述するつもりだが、その前に、一つ興味深い論考として、「囚人のディレンマ」をめぐるA・センの議論（「選択・順序・道徳性」、『合理的な愚か者』所収）について触れておきたい。〈ライト〉の思想の正当性を示そうとして、しばしば道徳にその根拠が求められるが、この道徳はそれ自体、〈ライト〉の思想の根底にある人間の根源的衝動が作り出したものであり、一種のイデオロギー装置である、というのが前章における我々の見解であった。第三章の考察からも分かるように、「共感」と「コミットメント」をめぐるセンの見解は、彼がこの道徳の内部にいる〈ライト〉の道徳主義者であることを示している。しかし、「囚人のディレンマ」をめぐるセンの議論は、それとは違って、〈ライト〉の道徳を相対化し、この道徳と、自己の利益を追求する人間の本性との密接な関連を剔出《てきしゅつ》する観点を提示したものと考えられるのである。

「囚人のディレンマ」とは、共犯者として留置されている二人の囚人が、それぞれ自己の利益の増大をはかろうとする結果、かえって自分にとって望ましくない事態をもたらすような選択をしてしまう、というものである。このディレンマは有名なものであり、そのままなぞる必要もないと思うので、これを本章のコンテクストに合うように、私なりにアレンジして示してみることにしよう。いま、日頃から折り合いが悪く、対立感情がエスカレートした結果、「やるか、やられるかしかない」とまで思いつめた二人の男がいるとしよう。A、B、二人の男は、ともにこう考える。「とにかく先手必勝だ。奴が攻撃を仕掛けてくる前に、こちらから攻撃するのが一番いい。奴もそう考えて攻撃を仕掛けてくるかもしれず、そのときにはまともにぶつかりあって厄介なことになるから、それよりは奴も俺も攻撃を仕掛けないほうがいいに決まっているが、俺が攻撃を仕掛けないのに奴が攻撃してきたとしたら、それこそ俺にとっては最悪だ」。つまり、Aが攻撃を仕掛けることをa(1)、仕掛けないことをa(0)、Bが攻撃を仕掛けることをb(1)、仕掛けないことをb(0)と表記すると、A、Bの選好の順序は、それぞれ次のようになる（これを「自己利益追求型選好」と呼ぶことにする）。

A：a（1）b（0）、a（0）b（0）、a（1）b（1）、a（0）b（1）

B：a（0）b（1）、a（0）b（0）、a（1）b（1）、a（1）b（0）

すると、そこにどのような結果が生じるかは、だれの目にも明らかである。生じるのは、a（1）b（1）、つまりA、Bがともに攻撃を仕掛け、真正面からの激突になる事態である。A、Bの両者とも、このa（1）b（1）を選好順序の三番目に位置づけ、それよりはa（0）b（0）のほうが望ましいと考えていたのにもかかわらず、である。ただし——とセンは言う——もしこの場合、「相手が攻撃を仕掛けてこなければ、自分も攻撃を仕掛けない」という契約を両者がかわしたとすれば、選好の順序は次のように変化する（これを「契約型選好」と呼ぶことにする）。

A：a（0）b（0）、a（1）b（0）、a（1）b（1）、a（0）b（1）

B：a（0）b（0）、a（0）b（1）、a（1）b（1）、a（1）b（0）

つまりこの場合、彼らは「相手が攻撃を仕掛けず、自分も攻撃を仕掛けない」という選択肢をともに選好順序の第一位に位置づけ、両者の選好は一致するから、ここに、それぞれが望んでいた通りの結果a（0）b（0）がもたらされるのである。——ではさらに、彼らがともに相手を尊重する気持ちを持っていたとしたらどうか。二人は日頃互いにいがみ合っているから、彼らが実際にこういう気持ちを持つことは考えにくいが、Aは、Bと一緒に仲よく遊んだ幼い日のことを思い起こし、またBは、Aが昔、自分を窮地から救ってくれたことを思い起こし、突如改心して、そういう気持ちを持つようになるかもしれない。そのときには、彼らはこう考えるであろう。「俺が攻撃を仕掛けず、奴も攻撃を仕掛けないのが一番望ましいが、たとえ奴が攻撃を仕掛けてきたとしても、俺のほうは攻撃をせず、奴の攻撃を甘んじて受けよう」。こうして、彼らの選好の順序は次のように変化する（これを「他人尊重型選好」と呼ぶことにする）。

A：a（0）b（0）、a（0）b（1）、a（1）b（0）、a（1）b（1）
B：a（0）b（0）、a（1）b（0）、a（0）b（1）、a（1）b（1）

重要なのは、以上のような選好順序の変化が何を物語っているかである。センによれば、それは次のことを示している。すなわち、各人があたかも契約型の選好を持っているかのようにふるまい、また他人が同様にふるまうという保証があれば、彼らが現実には自己利益追求型選好しか持っていないとしても、そこにはより望ましい状態が生じる、ということである。そしてさらに、各人があたかも他人尊重型選好を持っているかのようにふるまうならば、彼らが自己利益追求型選好のもとで個人的合理性に従ってあたかも契約型の選好を持っているかのようにふるまったときに起こる事態と比べた場合、彼らは明らかに、自己利益追求型選好から見てさえもより望ましい状態におかれる、ということである。つまり、各人が「それぞれの選好はすべて他人尊重型である」と想定し、この想定に従って行為するとき、彼らは自己利益追求型選好と契約型選好のどちらの観点から見てもより望ましい結果を得ることができるのである。各人は、他人を非・利己的存在とみなし、自分も非・利己的存在であるかのようにふるまうことで、自分の利己的意図を実現することができる、ということになる。

さて問題は道徳である。もし各人が、自分の利己的意図を実現しようとし、なんらかのイデオロギー装置にその役割を期待したとすれば、どうか。この装置は、三つの型の選好をランク付けして、各人が自己利益追求型選好よりも契約型選好を、そして契約型選好よりも他人尊重型選好を選好するように誘導するものになるであろう。そしてそのために、この装置は、「自己利益追求型選好よりも契約型選好が、契約型選好よりも他人尊重型選好が、価値的に上位にある。したがって他人尊重型選好を選好するのが正しい選好である」と述べるであろう。そして、この装置にもとづいて形成される社会は、他人尊重型選好を最も推奨し、自己利益追求型選好を最も低く扱うような価値観の伝統を築くであろう。――このイデオロギー装置、それが〈ライト〉の道徳である。〈ライト〉の道徳は、こうして各人に次のように命じることになる。「他人を尊重することが善である。利己的であってはならない！　他の人々の権利を尊重すべし！」〈ライト〉の思想は、自己利益の追求を本性とする人間の欲求に由来するが、この由来にこめられた意図に忠実であろうとすれば、この思想は、自己の出自を隠蔽するだけでなく、さらにそれを否定するような道徳の装置を作り出さねばならないのである。

2　なぜ必要な思想なのか

「囚人のディレンマ」をめぐるセンの議論は、しかしまた〈ライト〉の思想の正当性の論証としても読むことができるように見える。センの議論は、〈ライト〉の思想が我々人間の欲求充足にとって必要なものであり、不可欠のものであることを示しているようにも思われるからである。我々のだれもが必要とし、我々全員にとって不可欠である思想、それが正当な思想でないわけはない。――だが、本当にそうであろうか。〈ライト〉の思想は、本当にだれもが必要とし、だれにとっても不可欠なものであろうか。そうではない。それを知るには、もう一度あの自己利益追求型のケースを思い起こしてみればよい。A、Bの両者が自己利益追求型の選好を示すとき、そこに生じるのは、a(1) b(1)、つまりA、Bがともに攻撃を仕掛け合って、真正面からの激突になるという事態である。だがこの事態が両者にとってa(0) b(0)よりも望ましくない状態であるのは、両者の力が拮抗し、戦いが果てしない消耗戦におちいる場合である。Aの力がBの力よりも数段優っていたとすれば、a(1) b(1)は、なるほどBにとってはa(0) b(0)よりも望ましくない状態であろうが、しかしAにとってはそうではない。Aは戦いにおいて確実に勝利をおさめ、自分の願望を達成することができる。だから、Aが自分を強者として規定する限り、彼は〈ライト〉の思想を必要とはみなさないことになる。〈ライト〉の思想を必要とするのは、自分を力において他の人々と同等、もしくは他の人々よりも劣っているとみなす人々だけなのである。カリクレス＝ニーチェの言い方を借りれば、〈ライト〉の思想は、「畜群」である限りの人間が必要とする思想であり、したがってそれは普遍性を持たない思想だということになる。この思想の必要性は、「畜群」である人々の生活にとっての必要性でしかなく、この思想の論理は「畜群」だけにしか通用しない論理だということになる。

しかし本当にそうなのであろうか。慎重を期し、我々はここでフィヒテの『自然法の基礎』について検討しなければならない。フィヒテはこの書で、〈ライト〉の思想が人間一般の生活にとって不可欠な思想であることを示し、この不可欠性にもとづいて〈ライト〉の思想を基礎づけようとしている。もし〈ライト〉の思想が、（弱者・強者にかかわりなく）我々人間が一般に人間として生きるために不可欠な思想であるとすれば、たしかに我々は、それを充分な根拠を持った思想として受け入れねばならないであろう。ではフィヒテは、このことをどのようにして示そうとするのか。

フィヒテの論証の出発点、それは、「人間は人間の間にいるときだけ人間になる」というものである。人間は、独りでは人間になることができない。我々が人間になるのは、「自分は人間である」という自負心を持つことによってであるが、この自負心は、他者である人間が我々を人間として認め、我々が他者によって人間として扱われるときにはじめて生じるものだからである。我々が人間になることを可能にする条件は、他者の存在であり、他者との共存なのである。

では、人間であるとはどういうことか。それはフィヒテによれば、我々が自由な行為の主体である、ということである。獣は本能の枷に束縛されているが、人間である我々はそうではない。目的意識を持ち、自己の意思にもとづいて自由に行為を選択できる、ということが、単なる動物とは異なった我々人間の本質である。したがって、「自分は人間である」という自負心を持つことは、「自分は自由である」という自負心を持つことに等しいが、我々がそうした自負心を持つことができるのは、他者である人間が我々をそのようなものとして認め、我々が他者によってそのようなものとして扱われることによってである。つまり我々は、他者によって自由な行為の主体として承認され、自由な行為の主体として扱われることによって人間になるのである。

だが、我々がそのようにして人間になることができるためには、我々のほうもまた他者を自由な行為の主体として認め、自由を持つ存在として扱わなければならない。我々が他者の自由を承認しなければ、この他者は自分が自由な存在であるという自負心を持つことができず、したがって「自分は人間である」という自負心を持つことができない。したがってこの他者は、人間になることができない。しかし我々が必要としているのは、人間であるこの他者の承認なのである。

こうしてフィヒテによれば、我々が人間であることを可能にするものは、我々各人が互いに他者の自由を尊重しあう、という関係である。そしてこの関係こそが〈レヒト（＝ライト）〉の関係にほかならない。つまり〈レヒト〉の関係は、我々が人間であることを可能にする基本的な条件なのである。

〈自由〉の概念に立脚したこのフィヒテの論証は、なかなか強力なものであるように見える。だが、抽象的な議論のレヴェルではともかく、少しでも具体的に考えてみれば、このフィヒテの論証も、〈ライト〉の思想の正当性の論証としては問題の多いものであることが明らかになる。もしフィヒテが示そうとするように、〈ライト〉の思想が「自分は人間である」という自負心を生じさせる必要不可欠の条件であったとすれば、ライト国家以外の社会では、だれも「自分は人間である」という自負心を持つことができないことになる。しかし、これは明らかに事実に反している。例として、天皇と将軍を二大頂点とする日本の封建社会を考えてみればよい。天皇も将軍も親族や重臣たちに囲まれて暮らしているが、その中では、相互に他者を自由な存在として尊重しあう、という関係が成り立っている。だからこの関係の中で、天皇も将軍も、「自分は人間である」という自負心を持つことができ、したがって人間であることができる。被治者である人民にしても、事情は同様である。長屋に住む大工の八つぁんは、将軍や大名との関係においては、たしかに「自分は人間である」という自負心を持つことはできないかもしれない。しかし、隣長屋に住む鳶職の熊さんや長屋のご隠居さんとの間には、互いに他者を自由な存在として尊重しあう、という関係が成り立ち、この関係の中で八つぁんも人間であることができるのである。

なぜそのようなことになるのか。それは、フィヒテの論証の対象になっている〈レヒト〉の概念が、〈ライト〉の思想のかかげるそれとは異なったものだからである。前章において我々は、支配と服従の関係について考察し、統治者は、たとえ彼が専制君主であったとしても、被治者のケンリの保護に対する配慮を怠るわけにはいかない、と述べたが、フィヒテの論証は、このような意味での〈ケンリ〉の関係の不可欠性を示したものと解さねばならない。この解釈にもとづけば、我々はフィヒテの考え方に従って、次のように述べることができる。我々は人間として生きることを望み、したがって他者が自分を自由な存在として扱ってくれることを望む。人間として生きることを望む限り、我々は、我々の自由を否定する他者の存在を認めるわけにはいかない。したがって、もし統治者が我々の自由を否定する行為に出たとすれば、我々はこの統治者に対して、いかなる関係を取り結ぶことをも拒絶するであろう。自由が否定されることは、我々が人間であることを否定されることと同じであり、我々は到底このような処遇を受け入れることはできない。そうである以上、統治者が被治者である我々の自由を認めなければ、そこに結果するのは、我々被治者における服従への意思の喪失であり、支配関係そのものの崩壊である。それゆえ統治者は、支配関係を維持しようとすれば、被治者との間に〈レヒト〉の関係を、すなわち〈相互に他者を自由な存在として尊重し合う〉という関係を形成せざるをえないのである。統治者が専制君主である場合、彼は被治者の自由にさまざまな制限を付けるであろう。しかしその場合でも、彼は被治者が「自分は人間である」という自負心を持つことができるだけの最低限の自由は保障せざるをえないのである。

フィヒテの論証が示していること、それは、〈レヒト〉の関係がライト社会においてだけでなく、専制的社会においても成り立つものだということである。〈相互に他者を自由な存在として尊重し合う〉という関係は、人間が住むどのような社会においても必要であり、不可欠なものだからである。封建社会の内部に住む将軍も大名も熊さんも八つぁんも、人間として生きるためには、〈相互に他者を自由な存在として尊重しあう〉という関係を必要とする。将軍も大名も熊さんも八つぁんも、この〈レヒト〉の関係によってはじめて人間になることができるのである。たしかに、この〈レヒト〉の関係は、それぞれの社会においてそのあり方を異にしてはいる。〈ライト〉の思想が支配する社会では、〈レヒト〉の関係はどんな人々の間でも成り立っていると（一応は）言うことができるが、専制的社会においてはそうではない。将軍とその親族、あるいは重臣たちとの間には〈レヒト〉の関係が成り立っているとしても、将軍と八つぁんや熊さんとの間にはこの関係は成り立たない。しかし、将軍と八つぁん・熊さんとの間に介在する階層的身分関係において、近接する階層の人々の間には〈レヒト〉の関係が成り立つと考えられるから、この階層関係の連続的な系列を介して、将軍は八つぁんと、熊さんは将軍と、（間接的にではあるが）〈レヒト〉の関係を持っているとみなすことができる。〈レヒト〉の関係は、専制的社会においても、やはり普遍的なものとして成り立っていると言うことができるのである。

ここでもう一度確認しておきたいのは、フィヒテが論証の対象にした〈レヒト〉の概念が、彼の意図に反して〈ライト〉の思想のかかげるそれとは異なったものになってしまっているということである。このことは、フィヒテの言う〈レヒト〉の関係が、均一な形で成り立つものではないということによっても明らかである。統治者が被治者を自由な存在として尊重するといっても、将軍が重臣の自由を尊重する度合いは、彼が八つぁんの自由を尊重する度合いと決して同じではない。前者は後者よりもはるかに大きいというのが実状であろう。〈ライト〉の思想が異議を唱えるのは、こうした不平等に対してである。それゆえ、もしフィヒテが〈ライト〉の思想の正当性を論証しようとするのであれば、彼は、「このような差別は不当である」という主張の正当性を示さなければならないはずである。しかし彼はそれを行ってはいないのである。

3 陶片追放の論理

さてロールズはどうであろうか。彼の『正義論』を、我々は〈ライト〉の思想の正当性の基礎づけとして読むことができるであろうか。彼のいう「正義の二原理」については これまで何度か言及してきたが、彼は〈ライト〉の思想の純粋表出ともいうべきこの「正義の二原理」を、「原初状態」におかれた人々の必然的な選択の結果として提示している。彼が仮想の状態として設定するこの「原初状態」とは、〈自由で合理的な人々が、「無知のヴェール」をかけられたまま、相互に利害関心を持つことなく、皆同等に自己の利益の増大をはかっている〉という状態である。「正義の二原理」を、そのような状態にある人々の必然的な選択の結果として提示することで、これらの原理の正当性を示すことはできるであろうか。

ロールズが「正義の二原理」を提示するために、「原初状態」という仮想の状態を設定したこと、このことは、次のことを意味している。それは、彼が〈ライト〉の思想を、自分を弱者とみなしている人々同士の、利益の増大を意図した契約の所産として捉えている、ということである。各人が「無知のヴェール」をかけられている状態とは、彼らがそれぞれ自分の社会的地位や身分、知力や体力の程度に関する情報を絶たれているような状態であるが、このような状態におかれた人々は、だれもが「自分は力や境遇に関して、他者よりも不利な立場にあるかもしれない」と考え、自己を弱者である可能性を多分に持つ存在として規定することになる。自分を可能的弱者とみなす人々が、それぞれ自己の利益の増大をはかろうとするとき、その結果として必然的に選択することになる原理、――それが「正義の二原理」なのである。「正義の二原理」についてのこのような捉え方をもっと端的に前面に出しているのは、論文『公正としての正義』である。『正義論』の基本構想を打ち出したこの初期の論文の中で、彼は自己の正義論と古代ギリシアのソフィストたちの見解との密接な関連について言及し、プラトンの対話篇『国家』の中のグラウコンの発言を引き合いに出している。ロールズがここで念頭においているのは、以下のようなグラウコンの言葉である。

人々はこう主張するのです。――自然本来のあり方からいえば、人に不正を加えることは善（利）、自分が不正を受けることは悪（害）であるが、ただどちらかといえば、自分が不正を受けることによってこうむる悪（害）のほうが、人に不正を加えることによって得る善（利）よりも大きい。そこで、人間たちがお互いに不正を加えたり受けたりし合って、その両方を経験してみると、一方を避け他方を得るだけの力のない連中は、不正を加えることも受けることもないように、互いに契約を結んでおくのが得策であると考えるようになる。このことからして、人々は法律を制定し、お互いの間の契約を結ぶということを始めた。そして法の命ずる事柄を〈合法的〉であり〈正しいこと〉であると呼ぶようになった。これがすなわち〈正義〉なるものの起源であり、その本性なのである。つまり〈正義〉とは、不正を働きながら罰を受けないという最善のことと、不正な仕打ちを受けながら仕返しをする能力がないという最悪のこととの、中間的な妥協なのである。

このグラウコンの発言の中にロールズが読み取るのは、「正義の諸原理を受け容れることは、ほぼ同等の力を持つ人々の間の一つの妥協である」という考え方である。

彼はこの考え方を「正義とは合理的な利己主義者間の一つの契約であり、その安定性は力の均衡と状態の類似性いかんにかかっている」とみなす考え方であるとし、自己の見解がこうした考え方の伝統と深い「結びつき」を持つものであると言明している。「正義の二原理」が〈ライト〉の思想の表出であるとすれば、この二原理を「ほぼ同等の力を持つ人々の間の一つの妥協」の産物とみなすことは、「〈ライト〉の思想は、（同じ弱者として）ほぼ同等の力を持つ人々の間の一つの妥協の産物である」と考えることに等しい。ロールズがソフィストたちとの一致点を見出すのは、このような考え方においてなのである。

ロールズとソフィストとの見解の一致点、それはまた、ロールズの見解と我々の見解との一致点でもある。〈ライト〉の思想は、自己を力において他の人々とほぼ同等だとみなす人々が（自己の「力への意志」を成就するために）相互にかわした取り決めに由来する、というのが我々の見解であった。ロールズが自己の見解を示すにあたって、我々と同様、あのカリクレスの見解を引き合いに出しているのは、興味深い事実である。というのも、グラウコンが「人々はこう主張するのです」と語るとき、そこにはあのカリクレスの見解が含まれているからである。〈ライト〉の思想は、多数者をなす弱者が少数の強者に対抗するために作り出した思想である、というのがカリクレスの見解であった。グラウコンの言う「人々」がこうした見解と同じ見方に立っていることは、彼の発言の続きの部分にはっきりと示されている。

〈正義〉とは、（……）中間的な妥協なのである。これら両者の中間にある〈正しいこと〉が歓迎されるのは、決して積極的な善としてではなく、不正をはたらくだけの力がないから尊重されるというだけのことである。現にそれをなしうる能力のある者、真の男子ならば、不正を加えることも受けることもしないという契約など、決してだれとも結ぼうとはしないだろう。そんなことをするのは気違い沙汰であろうから。――〈正義〉というものの本性とは、ソクラテス、この説によれば、だいたいこういったものであり、また、そのそもそもの起源は以上のようなものであるというのです。

すでに述べたように、カリクレスは、こうした見解にもとづいて、〈ライト〉の思想は正当性を持たない誤った思想であると主張しようとしている。正当性に関するこの主張を、私は筋が通ったものとは考えないが、ロールズもまた、「正義の二原理」の正当性を否定するこのような見解を認めないであろう。彼は正義の二原理を、したがってまた〈ライト〉の思想を、充分な根拠を持った正当なものとみなしている。その根拠づけを行い、〈ライト〉の思想の正当性を示そうとするのが、『公正としての正義』および『正義論』における彼の論証の意図なのである。

　では、ソフィストとの見解の共通性を自ら認めるロールズが、そのソフィストと袂《たもと》を分かつ分岐点はどこにあるのか。それは、彼が「原初状態」を構想した地点、つまり、彼の論証の出発点である。「原初状態」の成員は全員が「無知のヴェール」をかけられているが、そのような想定を彼がなぜ必要とするのかといえば、それが一つの概念装置——自己を可能的弱者として規定する、同質の人々だけからなる集団を構成するための概念装置——として機能するからである。「無知のヴェール」という装置は、一種の陶片追放《オストラシズム》の装置であるといってもよい。自己を強者として規定し、力による他者支配をもくろむ者は、この装置によってあらかじめ排除される。そのようにして強者が排除され、この集団の成員は自己を可能的弱者として規定している者たちだけだということになれば、この集団の全成員が利害の調整原理として〈ライト〉の思想を選択することは当然の成り行きである。つまり「原初状態」を設定することによって、〈ライト〉の思想は集団の全成員の合意にもとづくものだということになり、だからこの思想は正当性を持った思想だと主張できることになるのである。

だが問題は、「無知のヴェール」をかけるというこの陶片追放の手続きが、はたして正当なものであるかどうかである。ロールズがこの手続きを正当なものとみなすのは、「同等な条件の下にある合理的な人々の合意だけが正当性を持つ」と考えるからである。しかしこの考えは、一つの前提によって支えられている。それは、「力を背景にして強要された同意は不当である」という考え方である。ところがこの考え方こそ、いま基礎づけが求められている〈ライト〉の思想がその基本的理念としてかかげる考え方なのである。ロールズの論証は、〈ライト〉の思想がかかげる基本的理念を前提にしてこの思想の正当性を根拠づけようとするものであり、「〈ライト〉の思想の根拠づけ」という観点から見れば、明らかに循環論法に陥っている。

ロールズの理論の前提を問題にするとき、見逃すことができないのは、ドゥオーキンの指摘である。ロールズと同様〈ライト〉の思想を擁護する立場にたつ彼も、ロールズの理論構成を無前提の自己完結的なものとはみなしていない。『権利の重視』（『権利論』）によれば、ロールズの理論はその前提として背後に一つの「深層理論」を持つ理論であり、このことは、ロールズが「社会契約」の概念を理論の中核にすえたことに示されている。ロールズが自己の理論の前提として暗黙のうちに取り入れている深層理論、それは「権利に基礎をおく理論」、すなわち「権利の観念を重視し、これを政治理論の根本にすえるような理論」であり、この理論を前提しなければ、「社会契約」それ自体が成り立たない。というのも、社会契約とは、契約の当事者になりうるすべての成員に拒否権を認めるものであり、当事者のすべてが同意しなければ契約は成立しないが、各人に拒否権を認めるというこの考え方は、権利に基礎をおく理論の根本にある考え方——「個々人は各自利害関心を持っており、彼らがそれを望めばこの利害関心を擁護することが彼らには認められる」という考え方——から生じるものだからである。

「権利に基礎をおく理論」のほかにドゥオーキンがあげる深層理論は、「目標に基礎をおく理論」および「義務に基礎をおく理論」である。ドゥオーキンによれば、これら二つの理論においては、「契約」という概念は有害無益の付加物以上の意義を持ちえない。「目標に基礎をおく理論」は、功利主義や全体主義がそうであるように、一般的福祉の増大や国家利益の増大といったなんらかの目標を基本的なものと考えるが、この種の理論は個人の利害関心を考慮に入れない。たしかに特定個人の福祉に関心を向けることはあるが、それはこの個人の福祉が目標の実現に寄与すると考えられる限りでのことにすぎない。また、「義務に基礎をおく理論」は、カントの道徳理論がそうであるように、人間の義務が各人の私的な利害関心を規定すべきだと考える。そしてその逆ではないから、各人の利害関心に基づく契約、という発想は、ここでは退けられるのである。

4　望ましい社会の決定方式

ロールズの理論はもっぱら「権利に基礎をおく理論」を深層理論として前提した理論である、というドゥオーキンの指摘を、私は、「ロールズの理論はあらかじめ〈ライト〉の思想を前提した理論である」と主張するものと解釈し、ロールズ批判として理解したいと思う。もっとも、ドゥオーキン自身は決してそうは考えていない、ということも断っておく必要がある。ドゥオーキンが示そうとしているのは、むしろ「権利に基礎をおく理論」の根源性であり、ロールズの理論はこの深層理論に支えられたものとして解釈されることによってこそ、正当な根拠を持ったものとみなされうる、ということだからである。「権利に基礎をおく理論」において根本的なものとみなされる「権利」は、ロールズの言うような「自由への権利」ではなく、もっと抽象的な権利であり、「自由への権利」はこの抽象的な権利から派生したものとして捉えられねばならない、というのがドゥオーキンの見解である。では、この抽象的な権利とは何か。それは「平等の配慮と尊重への権利」である、とドゥオーキンはいう。つまり「各人は皆平等に配慮され尊重されねばならない」とする考え方が、〈ライト〉の思想の基礎におかれるべき考え方である、というわけである。

だが、〈ライト〉の思想の基礎を示すだけでなく、さらにこの思想の正当性を主張しようとするなら、〈ライト〉の思想の基礎とされたこの考え方そのものの正当性こそが示されるべきであろう。「各人は皆平等に配慮され尊重されねばならない」と考えることは、なぜ正しいのか。——しかしドゥオーキンには、このような問いを問う姿勢は見られない。彼は「政治的道義の公理」として、「政府はただ国民を配慮と尊重をもって扱うだけでなく、平等な配慮と尊重をもって扱わねばならない」という命題を掲げ、「我々はすべてこの政治的道義の公理を受け容れていると私は想定する」と述べている。しかし、この命題がなぜ公理とみなされねばならないのか、また、この公理を我々全員が受け容れていると想定する根拠は何なのか、という問題については、彼はその答えを示していない。そのような問いへのまなざしそのものが存在しないのである。

彼の功利主義批判には、このような問いの欠落が端的に現れている。彼は政府が功利主義的な政策をとることに強い異論を唱えるが、その論拠として彼が提出するのは、

「功利主義的政策は、平等の配慮と尊重をもって扱われることに対するすべての人の権利を重んじないから」という理由だけであり、そこからさらに「では、我々はなぜ皆平等に配慮され尊重されねばならないのか」と問うことはしないのである。「我々は皆平等に配慮され尊重されねばならない」と考えることは、我々の道徳的直観に合致しているから、その正しさは自明である、と彼は考えているようにみえる。そして、彼がそう考えているとすれば、彼はあの〈ライト〉の道徳主義の内部にいるということになる。だが、そうした道徳的直観の正しさは、はたして自明のことなのであろうか。ドゥオーキン自身が次のように述べていることを見逃すべきではあるまい。「異なったタイプの理論は、それぞれ異なった形而上学的ないし政治的な気質と結びついており、さらに或る種の国民経済においては、これらのタイプの理論のうちどれかが支配的になる、と予想してよいであろう。たとえば目標に基礎をおく理論は、同質的な社会あるいは自己防衛や経済成長のような緊急に必要とされる支配的目標により、少なくとも一時的に統合された社会などに特に適合した理論と考えられる」。

ドゥオーキンはここで、理論と、それを選択する者の一定の気質との、またそれが選択される際の社会状況との密接な結びつきについて語っている。この観点においては、「権利に基礎をおく理論」は明らかに相対化されてしまっている。彼が言うように、「権利に基礎をおく理論」と「目標に基礎をおく理論」とが相容れないものであるとするなら、「目標に基礎をおく理論」を選択することが適切であるような状況が存在する、ということは、「権利に基礎をおく理論」を選択しないことが適切であるような状況が存在する、ということを意味している。現在がこのような状況にあると認識した人々は、「現下の状況では、目標に基礎をおく理論を選択することが正しく、権利に基礎をおく理論は選択されるべきではない」と判断するであろう。彼らの状況認識が妥当なものであるかどうかはまた別の問題であるから、これを問わないとすれば、この彼らの判断は全く正当である。「目標に基礎をおく理論」を選択することが適切であると判断されるような状況下において、「目標に基礎をおく理論」を選択することは、充分に合理的だからである。

　歴史に例を求めれば、明治期日本の政府首脳の判断が、また福沢の判断がそのようなものであったといえよう。彼らは「国権の拡張」という目標をかかげ、この目標に基礎をおく理論を選択することが現下の状況に対する適切な対応であると判断した。〈ライト〉の思想の立場から、この判断を批判することは可能であろうか。「目標に基礎をおく理論を選択することは、平等の配慮と尊重への権利を奪うから正しくない」という批判が、想定される批判である。しかしこの批判が正当な批判として成り立つためには、批判者は「人間は皆どんな場合でも平等に配慮され、尊重されねばならない」という考え方の正当性をまずもって示さねばならない。仮に、この考え方の正当性を自明のこととして認めたとしても、「目標に基礎をおく理論」の「目標」に「人間としての配慮と尊重」が含まれているとしたら、その場合にはどうであろうか。明治政府の首脳たちにとっての目標、そして福沢にとっての目標、——そこには、日本が列強の侵略によって植民地化され、国民がことごとく家畜同然の扱いを受けざるをえないような状況を回避しうるだけの国力の形成、という目標が含まれていた。「目標に基礎をおく理論」を選択して国力の増強に努めなければ、日本国民の「人間としての配慮と尊重」が全体として脅かされるような状況が必ず発生する、という判断にもとづいて、彼らは「目標に基礎をおく理論」を選択したのである。

一般的に言って、「目標に基礎をおく理論」を選択することが適切であると判断されるような状況があるとすれば、そのような状況下で「目標に基礎をおく理論」を選択することは、充分に合理的である。こうした理論の選択を、ロールズ的理解にもとづいた〈ライト〉の思想によって批判することは、さらに困難であるように思われる。ロールズの理解に従えば、〈ライト〉の思想の選択は自己の利益の増大をはかる合理的な人々の判断にもとづいている、ということになるが、或る一定の状況において、或る一定の人々が「目標に基礎をおく理論」を選択する場合でも、人々は「この理論を選択することが自己の利益の増大につながる」と判断していると考えられるからである。彼らが「国権の拡張」や「一般的福祉の増大」を目標としてかかげるとしても、それは、彼らがこの目標の達成を自己の利益に直結したものとみなすからである。「権利に基礎をおく理論」を選択するにしても、「目標に基礎をおく理論」を選択するにしても、その根底にあるのは自己の利益の増大をはかろうとする合理的な人々の判断であり、この点ではいずれの選択も異ならない。また、状況への対処の仕方として充分に合理的である、という点でも両者は異ならない。異なっているのは、彼らがおかれた状況だけである。

それでもなお〈ライト〉の思想の擁護者が、「目標に基礎をおく理論」の不当性を主張し、それによって「権利に基礎をおく理論」を正当化しようとするのであれば、彼はドゥオーキンとは違って、こう主張しなければならないであろう。「目標に基礎をおく理論を選択することが適切であるとみなさねばならないような状況など存在しない。どんな状況においても、この理論は選択されるべきではない」。彼は自由主義を盾にとり、「目標に基礎をおく理論」に対して、この理論は個人の自由を尊重しないから認められない、と異を唱えるかもしれない。「目標に基礎をおく理論」を選択した統治者は、目標を達成するために、徹底した言論統制を行って被治者の言論の自由を制限するかもしれず、必要とあれば居住移転の自由すらをも制限するかもしれない。このようなことは明らかに不当であり、認められない、と。――だが、自由主義に立脚したこの異論が異論として成り立たないことは、我々のこれまでの考察からすでに明らかである。たとえ専制的支配体制の統治者であっても、この支配体制を維持するためには、被治者の最低限の自由は保障しなければならない。また逆に、〈ライト〉の思想にもとづく民主制国家においても、国民の自由は、利益・不利益の考量によってさまざまな制限を受けざるをえない。そして極端な場合には、利益・不利益の考量から、ライト国家の国民自身が自由の徹底的な制限と社会的統制の強化を必要なこととみなし、自らの自由の名において、自らの自由を放棄するといった事態も（可能性としては）考えられるのである。

5 豊かな社会の神話

「権利に基礎をおく理論」は、社会が充分豊かになって一定の経済的レヴェルに達したときに、この社会の成員によって選択されることになる理論である、とする考え方がある。社会の存立そのものが脅かされたり、生活必需品に事欠くような状態では、この状態の改善が社会の第一の目標としてかかげられるのは自然なことであり、人々がこの目標を達成するために「目標に基礎をおく理論」を選択したとしても——そして平等主義や自由主義の理念を一時的に放棄したとしても——やむをえない。しかし、ひとたびその目標が達成され、一定量の富の確保が可能になった段階では、人々は「権利に基礎をおく理論」を選択すべきだと考えるようになる、というのである。ロールズの『正義論』も、そのような考え方に立っているように思われる。彼は次のように述べている。「〈ライト〉の制限が認められるのは、社会的諸条件がこれらの〈ライト〉の実際上の制定を許さない場合だけである。平等な自由を否定することが文明の質を高め、その結果として平等な諸自由が万人によって享受されうるようになるとすれば、そのときにだけ我々は平等な自由の否定を受け入れることができる。（……）文明の諸条件が改善されると、それからの経済的・社会的便益が我々に対して持つ最低限の重要性は、自由の利益に比して小さなものになる。平等な自由を行使するための諸条件がもっと完全に実現されるようになると、自由の利益はもっと強力なものになる。物財を増加し、仕事場の設備を快適なものにするために自由の縮減を認めることは、或る時点を過ぎれば不合理になるし、原初状態の立場からは相変わらず不合理である。(……)同時に、平等な自由の行使を妨げるものは少なくなり、我々の精神的・文化的な利益を追求する〈ライト〉を主張する勢力が幅をきかせるようになる」。(この文章は、原書にはあるが日本語版では——ロールズ自身の指示にもとづいて——削除された文章である。日本語版の対応箇所には、代わりにもっと婉曲な、慎重な言い回しの文章が挿入されている。)

一定の経済的レヴェルの達成、という条件は、ロールズにおいては、ひとつの重要な役割を担わされている。それは、ロック的な「自然状態」を作り出すという役割である。第二章において考察したように、ロックの自然状態論は、各人の生活活動が競合せず、アトム的に併存しうるような一種の理想的状態の存在を、理論成立の前提条件として要求するものであった。そのような前提が成り立たず、個人間の利害の衝突が不可避であるような状態にあっては、「他者の活動領域に侵入する行為は、〈ライト〉を侵害する不当な行為である」と主張したとしても、この主張はなんら現実的な意味を持ちえない。ここでは、だれもが他者の活動領域に侵入することなしには、——したがって他者の〈ライト〉を侵害することなしには——生きていくことができないからである。しかし、或る共同体において一定程度の富の総量が確保されていれば、少なくともこの共同体の内部においては、各人の生活のための活動は競合することなくアトム的に併存することが可能であり、したがってこの共同体の成員がそれぞれ他者の〈ライト〉を侵害せずに生きていくことも可能になる。可能であるとすれば、ぜひともそうすべきであり、実際、「無知のヴェール」をかけられた原初状態の人々は必然的にそう考えることになる、というのがロールズの見解である。

だがそうであるとすれば、〈ライト〉の思想は社会の経済的・物質的条件によって規定された思想であり、それが自己の実現要求を含む思想であるとすれば、この思想は、こうした経済的・物質的条件の充足を要求する思想だということになる。社会が経済的に豊かになったとき、我々は皆平等に自由を享受することができるようになるのだから、まずもって社会の経済的成長が図られねばならない、というわけである。さらに、次のような理由からも、社会の経済的成長は、〈ライト〉の思想の実現にとって必要だとみなされることになるであろう。「食事、娯楽、交通、水道やガスなど、一世紀前には金持ちでも享受できなかった楽しみや便宜を普通の人々でも得られるところでは、貧困の世界で急務とされていたことは意味を失ってしまう」。「昔、不平等とその対策の不十分さから生じた緊張は、生産性の増大によって解消された(……)」(ガルブレイス『ゆたかな社会』)。社会が経済的に豊かになって、だれもが冷蔵庫や自動車等々を持つことができるようになれば、冷蔵庫や自動車を実際に持っているかどうかは、もはや決定的なこととはみなされなくなる。だれもが一定レヴェルの豊かさを享受できるようになれば、所有される富の量の差異は大きな意味を持つものではなくなり、各人がそれぞれ所有する富の量の差異によって（プラスの意味でもマイナスの意味でも）他者に対する差別感を抱くことなどなくなるにちがいない、というわけである。

しかし、本当にそうなのであろうか。社会が経済的に豊かになれば、不平等は解消され、〈ライト〉の思想は実現可能になるのであろうか。ライト社会の市民である我々は、物質的に豊かになった社会に住み、たしかに〈ライト〉の思想を奉じながら生活を送っている。ときおり社会を不況が見舞うことはあるが、それが基本的な生活必需品の調達を不可能にするような事態にまで発展することはまず考えられない。むしろその平均的な生活においては、あり余るほどのモノに囲まれて暮らしている、というのが我々の「豊かな」社会の実状であろう。このような社会においてなら、〈ライト〉の思想（〈ライト〉の思想の擁護者たちが言う意味での）は、実質的な意味で本当に実現されると言うことができるのであろうか。

いま私がわざわざガルブレイスを引用したことには、実は理由がある。というのは、ガルブレイス自身が「豊かな社会」である戦後アメリカ社会の現実的展開を目の当りにして、やがて自己の見解を撤回せざるをえなかったという経緯があるからである。「貧しい者の政治上・経済上の立場が、ゆたかさの増大に伴って、いたるところで低下するということは、少しも魅力的な結論ではない。私は、本書を初めて書いたとき、このことを予見することができなかった」と彼は書いている（「第四版への序論」）。彼が突きつけられたのは、（少なくなったとはいえ）相変わらず貧しい人々が存在し続けるという「豊かな社会」の現実であり、また、豊かになった多数の人々が無関心を装ってこの貧しい人々を顧みようとしないばかりか、自己利益の拡大のためにむしろ福祉予算の削減政策を歓迎するという皮肉な政治的現実であった。ガルブレイスだけでなく、ロールズをはじめとする〈ライト〉の思想の擁護者たちも、このような現実を目の当りにすれば、経済的な豊かさが〈ライト〉の思想の成立条件になるとはもはや考えないはずである。この社会が不平等を解消する方向性を示すものでない以上、彼らはこのような社会のあり方を、〈ライト〉の思想を体現した社会のあり方とはみなさないだろうからである。（ロールズが日本語版の訳者に対して先に触れたような訂正を指示したのも、このような理由からであったと思われる。）

「豊かな社会」においてもなお貧しい人々が存在し続けるということ、このことはだが決して不思議なことではない。「豊かさ」を作り出す社会的・経済的システムの中で、各人が自己の利益の増大をめざして互いにせめぎあうとき、そこに成功者と脱落者とが生み出されるのは、当然といえば当然の成り行きである。そして、成功者が利己主義者である場合、彼らが脱落者を顧みようとしないのもまた当然の成り行きである。こうして「豊かな社会」においても、結局のところ不平等は解消されない。それがこの社会の現実なのである。——誤解を避けるために付け加えれば、私はこう述べることによって、「〈ライト〉の思想は、所詮、現実においては実現不可能な、理想主義者の抽象論にすぎない」などと言おうとしているわけではない。私が言いたいのはむしろその逆で、「豊かな社会」のこうした現実は、まぎれもなく〈ライト〉の思想がもたらした現実だということである。〈ライト〉の思想は、その意味では、「豊かな社会」においてたしかに実現されていると言ってよい。我々の見解からすれば、〈ライト〉の思想は、自己を力において他の人々とほぼ同等だとみなす多数者が、自己の「力への意志」を成就しようとして形成した思想であった。「豊かな社会」の現実は、そのような多数者の意図にまさに合致したものになっているのである。

〈ライト〉の思想の擁護者たちは、この社会に不平等が存在することを論拠にして、「この社会においては〈ライト〉の思想は実現されていない」と言うであろう。そして彼らは、不平等を解消するために、経済的に豊かになった多数者に対して、道徳主義の観点から、その利己的な心性を捨てるように強く求めるであろう。だが、利己主義を放棄しなくても、この人々が貧しい人々を救済するための福祉政策を積極的に支持するようになる可能性は多分にある。第三章において私は次のように述べた。社会福祉のための支出は、共同体を維持発展させるために必要なコスト負担であり、したがって共同体の成員のそれぞれが自己の利益を獲得するための必要経費である、と。「豊かな社会」の豊かな人々は、おそらくこうした言葉には耳を貸さないであろう。彼らは貧しい人々を、「豊かさ」を作り出す経済的システムの維持にとって必要な人材とは認めないだろうからである。実際、彼らが貧しい人々の切り捨てにつながるような福祉予算の削減政策を歓迎したのは、そのような認識にもとづいてである。彼らが（ロールズの言う「合理的な人々」のように）もう少し思慮深く、そして慎重な人々であったとしたら、彼らは自分の老後のことを考え、あるいは失業したときのことを考えるであろう。あるいは万が一の可能性として、「豊かさ」の頂点を極めようとする栄達レースから自分が脱落したときのことを考えるであろう。そしてそのときには、彼らはちょうど保険をかけるような気持ちで、「貧しい人々にも救済の手を差し伸べる必要がある」と考えるであろう。このようにして、利己的な人々があたかも博愛的であるかのような見解を抱くことも充分にありうるのである。この人々の見解が主流を占めるに至り、現実に貧しい人々に対して救済の手が差し伸べられるようになったとき、〈ライト〉の思想の擁護者たちはどのような反応を示すであろうか。道徳主義の観点から、この人々の動機は不純だと言って非難するのであろうか。だがこれまで見てきたように、この擁護者たちが奉じる〈ライト〉の道徳が、その生成の背景に利己主義の動機を持っていないと言える根拠は、どこにも存在しないのである。

「豊かな社会」の豊かな人々を、いま私は利己主義者として特徴づけたが、この「豊かな社会」の特異な内情を明らかにしようと思えば、この特徴づけでは充分ではない。豊かさを享受しているこれらの人々――我々を含めて——の行動の特異性を理解するためには、この人々はやはり「力への意志」の主体として捉えられねばならない。この人々の行動の特異性、それは、彼らが「消費社会」と呼ばれる社会を作りあげ、その中で消費活動を行うようになる、という点にあるが、そうした彼らの行動形態は、彼らが利己主義者であるということだけからは説明できない。消費社会という形をとった「豊かな社会」の構造に関しては、ボードリヤール（『消費社会の神話と構造』）が興味深い分析を行っている。それによれば、この消費社会は、モノに「差異表示記号」としての意味を与え、そのような記号としてのモノに関わる人々からなる社会である点に特徴を持っている。ブランドものの服装や装飾品、高性能の自動車や有名メーカーの腕時計等々、我々はさまざまなモノを身にまとうために金銭を費やすが、その場合、我々は「モノへの欲求」からそれらのモノに関わるのではない。我々は便益を得るためにそれらのモノを欲するのではなく、「差異への欲求」から、自分の力の優越性を他人に示すために、社会的ヒエラルキーの中の自分の地位を示す差異化の記号としてそれらのモノを所有しようとするのである。ボードリヤールの言う差異への欲求、それは自己の力を他者に顕示しようとする欲求であり、「力への意志」の一つの発現形態にほかならない。消費社会とは、自己の力の増大を欲し、それを誇示しようとする我々の「力への意志」が作り出した社会なのだ。この社会は、個々人の力の差異を顕在化する「差別のシステム」として機能する。人々は自己をこのシステムの中で位置づけ、自己を（力の劣った者に対しては）プラスに差異化するが、しかしこのことは同時に自己を（力の優った者に対して）マイナスに差異化することを意味しているから、自己の力を誇示しようとする彼らの欲求はいつも半分しか充たされない。こうして、彼らが「差異への欲求」を充足するためのプロセスは、その階梯において際限のないものになる。前章において私は、「力への意志」を抱く人々が〈ライト〉の道徳を作りあげる仮想の自然状態について考察し、彼らは道徳的仮構を作りあげたあとでも自己の「力への意志」そのものを放棄してしまうわけではない、と述べたが、形をとるのである。

この「力への意志」は、現実の「豊かな社会」においては、このような自己顕示的な形をとるのである。

「力への意志」が流血をともなう武力闘争としてではなく、このように文化的な、ある意味では実にほほえましい権力闘争として展開されるようになることは、たしかに賀すべきことではある。たえず生命の危険に晒されているような状態、「人が人にとって狼である」ような状態に耐え続けることができる人間は、そう多くはない。大多数の人間は「力への意志」を抱きながらも、緊張を強いられない平穏な生活を望む。さらに社会が経済的に豊かになり、差異表示記号として機能していたモノがあらゆる階層の人々に行き渡るようになれば、これらのモノは差異表示記号としての意味を失い、そうなれば、人々は差異のメルクマールを、モノとは別の純粋な記号に、すなわち知的な教養に求めるようになるであろう。こうして、もっと豊かな社会の豊かな人々は、知的なセンスの洗練度によって自己の優越性を競い合うことになるであろう。この社会では、物質的な富や世俗的権力にはこだわらない聖人的ライフスタイルが、獲得されるべき最高の差異表示記号の地位を占めるかもしれない。「力への意志」を放棄することが〈力〉の象徴となり、〈ライト〉の道徳を体現し実践することが自己の〈力〉を顕示しようとする人々の究極目標となるかもしれない。モノがあり余り氾濫するほどの豊かな社会においてならば、〈ライト〉の道徳は絶対的な社会規範になりうるかもしれないのである。

だが、成長の神話に幻惑されて、我々が見失いがちな一つの事態がある。グローバルな観点からすれば、モノは決してあり余ってはいないし、日々の生活必需品ですらもあり余っている状態にはほど遠い、という実状がそれである。ロックの自然状態の仮説は、共同体規模では通用しても、地球規模では通用しないのである。我々に与えられた地球上の資源には、明らかに限りがある。資源に手を加え、それを食糧や工業製品として再生産する技術がどれほど発達したとしても、再生産されたモノの量は地球の総人口を養うに足る充分な量には及ばない。地球上の人口増加がこのまま続けば、近い将来、人類が深刻な食糧危機に直面することは避けられない、とする統計学上の予測もあるほどである。そのような状況において、資源が消費社会のモノの生産のために浪費されれば、そのツケが生活必需品の生産に回ってくるのは当然の成り行きである。事実、一部の「豊かな」国々は、その資力にものを言わせて貧しい発展途上国の森林を次々と伐採し、おびただしい不毛の砂漠を作り出している。

限りのある資源を前にして、多くの国が富の増大を求めれば、そこに必然的に生じるのは利害の衝突である。利害が衝突する場合、求められるのはこの場を調停する原理であるが、この原理が理想主義的・平等主義的な意味での〈ライト〉の思想に求められることはないと言ってよい。我々はここでモーゲンソーの言葉を思い起こすべきであろう。「この世界は、本来、相反する利害の世界であり、利益と利益の対立する世界である。したがって道義原則が完全に実現されるということはありえない。諸利益をたえず一時的に均衡させることによって、また、対立をいつも不安定な形で解決することによって、せいぜいその道義原則が実現に近づけられるということにすぎない」(『国際政治——権力と平和』)。国際政治の舞台は、経済力や軍事力といった力と力とがぶつかり合う力学的世界である。力の論理に従って一時的な妥協がはかられることはあるが、それは〈ライト〉の思想が要求するような永続的な秩序の形成には決して結びつかない。なぜこの世界では〈ライト〉の思想は——名目上はともかく——実質的な調停原理とはなりえないのか。それは、この世界がそもそもアイディアリズムの通用しないホッブズ的な自然状態の世界だからである。ホッブズの自然状態にある人々は、闘争がもたらす絶えざる心理的緊張(死の恐怖)から逃れるために、相互に契約を結んで国家を設立する。そして、それぞれ自分が持っていた「自然の権利」を、すなわち「自己の生命を維持するために自分の欲するままに自己の力を用いる自由」をすべて放棄して、国家の絶対的主権に服する。しかし、国家が一個の行為主体となる国際政治の世界では、そのような絶対的主権はかつて一度も形成されたことはなかったし、これからも形成される見込みはない。ここにあるのは、銘々に「権」と「利」を求める各国の権利要求であり、調停不能の現実である。富める国の「豊かな」社会において、理想主義的な意味での〈ライト〉の思想が現実のものになるとしても、その足もとにあるのは理念不在の大きな空洞のような現実である。

〈ライト〉の理念を実現する豊かな社会の現実と、国際社会における理念不在の現実、——この二つの現実は、決して無縁のものではない。豊かな社会の豊かな人々が消費活動においてほほえましい文化的な権力闘争をくりひろげるとき、彼らの足もとの空洞はますます大きなものになり、二つの現実はますます隔たったものになってゆく。その隔たりの大きさのために、彼らの目にはこの二つの現実は全く別種の現実と映るであろう。だが真相はその逆である。開いた空洞の大きさは、豊かな社会の豊かな人々が享受したその富の量なのである。

6 結びに代えて

〈ライト〉の思想は、その真偽が問題となりえないような思想である。それはなぜかといえば、この思想の言説が、事実に関する判断からなるものではなく、価値評価の判断からなるものだからである。M・マクドナルド（『自然のライト』）の言い方を借りれば、〈ライト〉の思想の言説は、「人間の選択の結果として何がなされるべきかについての言説」であり、それは「人間の選択と選好から結果するすべてのものを含んでいる」。そうである以上、この言説は、真か偽かの判断の対象とはなりえない。マクドナルドとともに、次のように言うことが許されよう。「価値の領域には確実なことは存在しない。なぜなら、価値に関しては、真なる信念や偽なる信念は存在せず、存在するのは、より良い決定と選択、あるいはより悪い決定と選択だけだからである。より良い決定を促進するために、我々は、科学的というよりもむしろ技巧的な装置を使用する。我々のねらいは知的な同意ではなく、実践的な効果だからである」。

本書における我々の見解からすれば、〈ライト〉の思想は、多数者の「力への意志」に起源を持つ思想である。自分を力において他の人々とほぼ同等であるとみなす大多数の人々が、自己の「力への意志」を成就しようとし、実践的な効果をねらって考案した技巧的な装置、――それが〈ライト〉の思想なのである。この技巧的な装置は、ではその実践的な効果において、本当に「より良い決定と選択」を我々に保証するものなのかどうか。この保証の問題――〈ライト〉を擁護する場合の有力な論拠となりうるこの保証の問題は、本書の考察の重要なテーマの一つであった。しかし、考察の結果得られた我々の答えは、かなり否定的なものである。

〈ライト〉の思想の有効性を疑問視する我々の見解は、あるいはかなりの人々の耳目を驚かすことになるのかもしれない。第二次世界大戦後の日本に住む我々は、国民の基本的な「権利」を保障する憲法の下で暮らし、たしかにその恩恵に浴している。〈ライト〉の思想の恩恵に浴している人々が、この思想を否定するかのような言辞を耳にしたとき、どのような反応を示すかはおおかた予想がつく。彼らは、利己主義者の肌着の上に急きょ理想主義者の上衣をまとい、さっそく非難の声を上げるであろう。

だが、〈ライト〉の思想の正当性を信じて疑わない人でも、国際政治の現状が、依然としてこの思想の理念を否定するような、力の論理によって支配されていることを否定はしないであろう。〈ライト〉の思想が理想主義的な理念からなる絶対的なものであるとすれば、そうした〈ライト〉の思想は、国際政治の舞台ではほとんど何の意味も持たない。それぞれの国家が他国の軍事力に対抗するために強大な軍事力を配備している国際社会の現状では、国家間に利害の衝突が生じた場合、問題解決の手段が武力に求められ、事態が力と力との対決へと発展するような状況がいつ生まれたとしてもおかしくはない。そのような事態にたち至ったとき、それぞれの国家の当事者は、

「この戦争は国民の権利を守るための戦いである」と言うであろう。しかし、ここで守られるべきものとされているのは、それぞれの国民の〈利〉であり、〈利〉にからむ問題の解決が力に求められる点で、そこでは理想主義的な意味での〈ライト〉の思想の理念は廃棄されていると言わねばならない。理想主義的な観点から〈ライト〉の思想を絶対視し、これを自明の真理とみなしている人も、こうした現実が存在することを疑わないはずである。だが、一方で〈ライト〉の思想の正当性を自明視する人が、もう一方ではこの思想の不在の現実を当然のことのように受けとめて、このことに疑問を感じないとしたら、そういう精神の態度こそが問題ではないか。

誤解を避けるためにお断わりしておくが、「〈ライト〉の思想には多くの問題がある。この思想を絶対視してはならない」と述べることで、私はこの思想を否定しようとしているわけではない。ナチズムやファシズムを復活させるべきだ、などと主張しているわけでもない。むしろ、〈ライト〉の思想は我々にとって必要な思想であり、積極的に擁護されるべきものであると私は考えている。——一見矛盾しているようにみえるこの私の考え方を分かっていただくためには、ニーチェの次の言葉を借りてくるのが早道である。「真理とは、それなしには或る種の生物が生きることのできないような誤謬である」。ここで言われる「真理」という言葉を「〈ライト〉の思想」という言葉に置き換え、「誤謬」という言葉を「自己の正当性の根拠を示すことができない思想」という言葉に置き換えて読んでいただきたい。〈ライト〉の思想を、我々は真理であるとみなしている。だがこの思想は、実際には自己の正当性の根拠を示すことができない思想であり、そうである以上、我々はこの思想を絶対的な真理として受けとるわけにはいかない。しかし、それでも我々はこの思想を必要とする。この思想は、「或る種の生物」が、つまり力において他者とほぼ同等である（と自己を規定している）我々が、生きてゆくために欠かすことのできない思想だからである。そういう思想であるから、我々は取り決め（＝契約）によってこの思想を「真理」であるとみなすのである。私にとっても、この思想が不可欠のものであることは言うまでもない。

だがそうであればこそ、この思想の本質と、限界や問題点とをたえず見すえようとする精神の態度が必要なのではあるまいか。〈ライト〉の思想がやみくもに絶対視され、現実から遊離した神話と化するとき、この思想は、人間の現実に対して有効に機能しえない抜け殻になるか、どんな危険な酒をも受け容れる空の器になってしまう。〈ライト〉の思想を標榜する国家の内部においても、少数派の〈ライト〉の無視が平然と行われている、という現実がある。〈ライト〉の思想を標榜する国家が、他国民を公然と殺戮するといった事態はこれまでにも行われたし、これからもくり返されるであろう。理想主義者の観点に立てば、これはあるべき世界の姿ではない。しかし理想主義者の観点にとどまっていたのでは、あるべき世界は永遠の当為にとどまり、彼らの思い描く世界はいつまでもやって来ないであろう。手をこまねいて現状に甘んじることを望まないなら、我々は理想主義者であることをやめて、現実のただ中に身をおかなければならない。そのためにはまず、〈ライト〉の思想を地上へと引きずりおろし、そこから新たに〈ライト〉の概念を捉えなおす努力が必要である。〈ライト〉の思想を力の論理の一形態として意味づけることは、そのための有効な視座を我々に提供してくれるように思われる。たしかに、このようにして相対化された〈ライト〉の思想は、神話と化した〈ライト〉の思想以上に危険な酒を受け容れる器になるかもしれない。この相対化の視野に立てば、すべては権力関係であって、絶対的な真理や絶対的な正義は存在しない、ということになるからである。だが、一旦この危険な場に身をおき、この場をくぐり抜けるのでなければ、〈ライト〉の思想が現実に対して有効に機能しうるものになることはないように思われる。

文献

一、本書の執筆にあたっては多くの文献から示唆を受けたが、以下にかかげるのは、本文において直接引用ないし言及したものである。
一、外国語の文献のうち、邦訳のあるものはそれをかかげた。ただし、未訳出の部分に言及・引用した箇所や、文脈に応じて訳文に修正を加えた箇所もある。
一、本文内の引用のうち、傍点、および〔 〕内の補足は、特に断り書きのない限り、引用者によるものである。
一、明治期、およびそれ以前の邦語文献の引用に際しては、現代の読者に読みやすいように適宜表記を改めた。

プラトン『ゴルギアス』加来彰俊訳、岩波書店、一九六七年。
プラトン『国家』上・下、藤沢令夫訳、岩波書店、一九七九年。
アリストテレス『政治学』山本光雄訳、岩波書店、一九六一年。

アリストテレス『ニコマコス倫理学』高田三郎訳、岩波書店、上：一九七一年、下：一九七三年。

ロック『統治論』（宮川透訳、世界の名著27）、中央公論社、一九六八年。

トマス・ペイン『人間の権利』西川正身訳、岩波書店、一九七一年。

カント『道徳形而上学の基礎づけ』宇都宮芳明訳、以文社、一九八九年。

ヘーゲル『自然法学』平野秩夫訳、勁草書房、一九六三年。

ヘーゲル『法の哲学』（藤野渉、赤澤正敏訳、世界の名著35）、中央公論社、一九六七年。

ヘーゲル『法の哲学――自然法と国家学の要綱』上・下、上妻精、佐藤康邦訳、岩波書店、二〇二一年。

マルクス『ユダヤ人問題によせて／ヘーゲル法哲学批判序説』城塚登訳、岩波書店、一九七四年。

ニーチェ『ニーチェ全集』吉沢伝三郎他編、理想社、一九六二年。（この理想社版を底本として、現在では、ちくま学芸文庫から『ニーチェ全集』が刊行されている。）

ジョン・ロールズ『正義論』矢島鈞次監訳、紀伊國屋書店、一九七九年。（この翻訳書は、同書の断り書きにもあるように、ロールズ自身の指示にもとづいて大幅な修正を加えた原稿を訳出したものであり、原書をそのまま全訳したものではない。本書では、原書にあり、この翻訳書では削除された箇所に言及した場合もある。）

ジョン・ロールズ『公正としての正義』田中成明訳、木鐸社、一九七九年。

ロナルド・ドゥオーキン『権利論』木下毅、小林公、野坂泰司訳、木鐸社、一九八六年。（この翻訳書は、同書の断り書きにもあるように、部分訳であり、原書の全文を収録したものではない。本書では、この翻訳書に収録されなかった部分に言及した場合もある。）

ロバート・ノージック『アナーキー・国家・ユートピア――国家の正当性とその限界』嶋津格訳、木鐸社、上：一九八五年、下：一九八九年。

J・L・マッキー『倫理学――道徳を創造する』加藤尚武監訳、哲書房、一九九〇年。

マイケル・フリーデン『権利』玉木秀敏、平井亮輔訳、昭和堂、一九九二年。

アマルティア・セン『合理的な愚か者――経済学＝倫理学的探究』大庭健、川本隆史訳、勁草書房、一九八九年。

アマルティア・セン『福祉の経済学――財と潜在能力』鈴村興太郎訳、岩波書店、一九八八年。

トマス・ネーゲル『コウモリであるとはどのようなことか』永井均訳、勁草書房、一九八九年。

アイザィア・バーリン『自由論』小川晃一他訳、みすず書房、一九七一年。

H・L・A・ハート『法学・哲学論集』矢崎光圀他訳、みすず書房、一九九〇年。

F・A・ハイエク『自由の条件』(『ハイエク全集』5―7)気賀健三、古賀勝次郎訳、春秋社、一九八六―八七年。

ハンス・J・モーゲンソー『国際政治――権力と平和』現代平和研究会訳、福村出版、一九八六年。

C・E・メリアム『政治権力――その構造と技術』上・下、斎藤真、有賀弘訳、東京大学出版会、一九七三年。

マックス・ウェーバー『職業としての政治』脇圭平訳、岩波書店、一九八〇年。

バートランド・ラッセル『バートランド・ラッセル著作集5　権力――その歴史と心理』東宮隆訳、みすず書房、一九五九年。

ジョン・K・ガルブレイス『ゆたかな社会』鈴木哲太郎訳、岩波書店、一九九〇年。

ジャン・ボードリヤール『消費社会の神話と構造』今村仁司、塚原史訳、紀伊國屋書店、一九七九年。

『藤原惺窩　林羅山』（日本思想大系28）、石田一良、金谷治校注、岩波書店、一九七五年。

『福澤諭吉全集』第五巻、慶應義塾編纂、岩波書店、一九五九年。

『西周全集』第二巻、大久保利謙編、宗高書房、一九六二年。

『明治文化全集』明治文化研究会編、日本評論社、一九二九年。

『西周　加藤弘之』（日本の名著34）、植手通有編、中央公論社、一九八四年。

『自由党史』上・中・下、板垣退助監修、岩波書店、一九五七－五八年。

『中江兆民全集』第四巻、松本三之介他編、岩波書店、一九八四年。

『植木枝盛集』第六巻、家永三郎他編、岩波書店、一九九一年。

『人権宣言集』高木八尺他編、岩波書店、一九五七年。

柳父章『翻訳語成立事情』岩波書店、一九八二年。

丸山眞男『増補版　現代政治の思想と行動』未來社、一九六四年。
J. G. Fichte, *Grundlage des Naturrechts*, Hamburg, Verlag von Felix Meiner, 1960.
G. W. F. Hegel, *Entwürfe über Religion und Liebe* (1797/1798), in *G. W. F. Hegel Werke in zwanzig Bänden*, Bd. 1 (Frankfurt am Main, Suhrkamp Verlag, 1971).

Charles Taylor, 'What's Wrong with Negative Liberty', in David Miller (ed.), *Liberty* (Oxford, Oxford University Press 1991).

Margaret MacDonald, 'Natural Rights', in Jeremy Waldron (ed.), *Theories of Rights* (Oxford, Oxford University Press, 1984).

あとがき

　イソップの寓話に「ゼウスと幸福のつぼ」という話がある。「ゼウスはあらゆる幸福をつぼに詰めて人間に渡し、大切に保管しておくように言った。好奇心に駆られた人間は、中に何があるのかを知ろうとし、ふたを取ったので、詰められていた幸福はすべて飛び立って神のところへ帰ってしまった」。〈権利〉の思想が「幸福のつぼ」であるとすれば、ふたは開けないほうがよいのかもしれない。実際、我々がふたを開けて目にしたつぼの中の光景は、決して明るいものではなかった。だが、我々がいつまでもこのつぼの封印を解かないでいると、正体のわからない中身への期待だけが大きくなる。そうなれば、我々は自分でもよくわからない漠然とした期待感から、このつぼに対してますます大きな期待を寄せるようになり、このつぼを、何も生まないあのイソップの雌鶏のような存在にしてしまうおそれがある。〈権利〉の思想は、祭り上げるほど効力を発揮するといった代物ではないのである。「毎日卵を産む雌鶏を持っている未亡人がいた。彼女は、雌鶏にもっとたくさん大麦を食べさせたら、一日に二回産むようになるだろうと考えて、与える量を実際に多くした。しかし、太ってしまった雌鶏は一日に一回産むことさえできなくなった」(「女と雌鶏」)。

本書の表題を『〈権利〉の選択』としたのは、権利思想が我々の理性に与えられる「自明の真理」や「自然の法」といったものではなく、我々の意思によって主体的に選択された思想であること、そして、さまざまな問題を含みつつも、それを踏まえた上でなお自覚的に選択されるべき思想であることを示したかったからである。

私が権利思想の問題について考え始めたのは、数年前、日本倫理学会からのお達しを受けて、「ドイツ観念論における〈規範の基礎〉問題」と題する発表原稿を準備していた頃のことである。フィヒテの『自然法の基礎』やヘーゲルの『精神の現象学』、『法=権利の哲学』などを考察の対象として取り上げるなかで、私は、〈規範の基礎〉問題の中枢に権利思想の問題があることに思い至り、さらに、この問題はプラトンの『ゴルギアス』やニーチェの諸著作が投げかけた問題と深く関わっていると考えるようになった。

明治思想史への着目は、はじめからこの問題関心に結びついたものとしてあったわけではない。福沢諭吉や加藤弘之の思想に私が興味を持つようになったのは、思想が現実を生きる躍動的な姿をそこに見出したからである。そこに私が見たのは、訓詁注釈に埋没し、現実に対して交渉を持つことを初めから放棄してしまっているような思索の態度、狭小なアカデミズムの中で営まれる現実離れした思索の態度とは全く別のものである。私をとらえたのは、現実を生き、現実を突き動かした思想の、その現実との生々しい交渉の姿であった。（考えてみれば、プラトンにしても、フィヒテやヘーゲルにしても、古典として残る過去の大思想は、そのほとんどが時代の現実とのリアルな対決の中から生まれている。）福沢や加藤の思想展開が権利思想の本質に関わるものであることに気づいたのは、私が多少とも冷静な目で明治期の文献を読むことができるようになってからのことである。明治思想史と西洋思想の系譜、――この二つが一つの問題連関のなかで結びついたとき、私は一冊の本を書きたいと思うようになった。

しかし、私のもくろみが必ずしも順調な経過をたどったわけではない。考察を進めるにつれ、私は主題が持つ必然性に促されて、やがて哲学や倫理学だけではなく、法学、経済学、政治学の各分野にわたる現代思想の先端的な議論に深入りせざるをえないことになった。現在私が勤務する筑波大学では「学際的研究を！」というスローガンが金科玉条になっているが、期せずして私の考察もそのような研究領域に足を踏み入れることになったわけである。私の考察がそのような経過をたどることになったのは、もちろん職場の要請によってではなく、あくまでも私が考察の対象として選んだ主題の要請によってであるが、またそこには勁草書房編集部の富岡勝氏による的確なアドバイスがあったことも記しておかねばならない。鋭く誠意あふれる氏のアドバイスがなかったら、私はいまごろまだ「出口なし」の状態でうろついていたかもしれない。富岡氏に心から謝意を表する次第である。また、本書を書き進める過程で、川本隆史氏をはじめとする現代倫理学研究会の方々の活発な研究活動からも大きな刺激を受けた。同研究会のメンバーでもあり、哲学の立場からゲーム理論の研究に従事する神山和好氏との交友にも負うところが大きい。そのつど(半ば強制によって)読後感を聞かせてくれた妻の「内助の功」も多とすべきである。またそれ以外にも、本書は、父母、友人、勤務先の先生方など、多くの方々の暖かい励ましに支えられて出来上がった。これらの方々に対してここにあわせて謝意を表したい。

一九九二年十月

文庫版あとがき

ずいぶん昔に刊行した旧著が、時を経て、装いを変え、新たな読者と出会いの機会を持つ。このたびの文庫版「新著」の誕生は、古希を迎えた私にとって実に痛快な椿事であり、私はこれを素直に喜びたいと思う。

思いかえせば本書は、いわば私のデビュー作であり、それだけに感慨もひとしおである。とはいえ本書が私の初めて出した本というわけではない。有り体に言えば、それまで私はアカデミズムの末端に連なる一介の哲学研究者として、ドイツ観念論の哲学、とりわけヘーゲル哲学の訓詁注釈に明け暮れていた。ヘーゲル哲学研究の成果として、いわゆる「専門書」を一冊上梓している。

しかし私は、アカデミズムの流儀のせせこましい厳格さには馴染めなかった。そこで私は、ほどなく〈勤務先の大学にひとまず籍をおきながらも〉もっと普遍的・現実的な〈思想〉そのものを考察の俎上にのせ、新たな取り組みを始めようと思い立った。

それが四十路の坂に差し掛かった頃であり、その頃の思索の成果を世に問うたのが、本書なのである。

二十数年ぶりに旧著に目を通し、気づいたことだが、本書を書きながら私が会得した思想の核心は、大部分が今も私の内部にしっかり根を下ろしている。同時に、私がここで検討の対象にした〈権利〉の思想やその問題性が、今現在もアクチュアルなものとして息づき、世界を少なからず揺さぶっていることにも、私は気づかされた。

たとえば今年三月、アメリカのアラスカ州で米中トップ会談が行われた。そのとき、アメリカ側のトップ（国務長官）が槍玉にあげたのは、（中国・新疆ウイグル自治区や香港での）中共政府による人権侵害の問題だった。ここでは〈権利〉の思想が、中国を攻撃する思想的な根拠として用いられている。このような形で、〈権利〉の思想は（書斎に眠るひからびた骨董品ではなく）軍事力と並ぶもう一つの確たる武器として——今現在も充分に使用可能な突撃銃《アサルトライフル》として——、現実世界に確かな作用を及ぼしているのである。

見逃してはならないのは、このアメリカの攻撃に対して、中国側のトップ（共産党政治局委員）が「米国は人権、人権と騒ぐが、米国の人権にも多くの問題があるではないか」と切り返したことである。アメリカのこの時期は、黒人青年が白人警官に虐殺されたことから、「ブラック・ライヴズ・マター（BLM）」のスローガンの下、人権擁護の運動が盛り上がりを見せていた時期である。

中国側のトップは「アメリカでも人権は軽視され、侵害されているではないか」と言いたかったのだろうが、我々はさらに次のように問うことができる。

「〈権利〉の思想が、皮肉なことに、人権侵害の状況を作り出している。それはなぜか？」

本書で、私は次のように書いた。「〈ライト〉の思想を標榜する国家の内部においても、少数派の〈ライト〉の無視が平然と行われている、という現実がある」。こうした現実は、どのような経緯で出来上がるのか。

この問いに向き合おうとすれば、我々は、人権思想を偶像化《アイドライズ》する上辺の理解に甘んじることなく、この思想を形作るどろどろした深部へも立ち入らないわけにはいかない。

ごく大雑把にいえば、この問いは、〈権利〉の思想を選択する我々個々人が〈力への意志〉を本性として持つ（利己的な）「群れの一員」であることと密接に関連している。そうした理解の細部については、直接、本書の各論部分に目を通していただきたい。

なお、本書の出版にあたっては、筑摩書房第三編集室の守屋佳奈子さんにたいへんお世話になった。記して謝意を表したい。

二〇二一年七月

解説　他に類書というものが存在しない真に画期的な一冊

永井　均

この本には、この著者以外にはかつてだれも明晰に語ったことのない、単純な真実が書かれている。私は、一九九三年に勁草書房版でこれを読んだとき、深く感動したことを覚えている。文庫化に際して、この本を手に取って読み始めた方が、かなり読み進んでも著者の言いたいことがつかめず、万が一にも途中で読むのをやめてしまったりすることのないよう、比較的後のほう（第五章の後半から第六章の始めにかけて）に出てくるその議論を、私なりの仕方で要約して提示したいと思う。物語ならば、これはいわゆるネタバレに当たることかもしれないが、この種の論述書においては、最重要の議論の梗概をあらかじめ知っておくことは、むしろ読書の楽しみを増すことになるのではないかと思う。しかし、もしやはり書物は最初から順番に読みたいと思われる方は、この解説は後から読まれることをお勧めする。その場合には、この解説が原作に対して微妙な脚色を加えていることが見て取れるかもしれない。そこまで読み取っていただければ望外のことである。

明治時代の日本における加藤弘之『人権新説』と植木枝盛『天賦人権弁』の対立から始めよう。加藤によれば、権利・義務は最有力者が小集団をまとめて国家を創設する際に人々の行動を規制するために作られたものであり、それゆえ人権は人為の法（ノモス）に基づくものであって自然の法（ピュシス）に基づくものではない。国家の法は共同体の秩序を維持するためのものであり、それは権力を持つ統治者の権力行使によって支えられた、もっぱら「力の論理」に基づくものである。国民の側が「力の論理」に訴えることはそれによって禁止されており、民主制国家は妄想にすぎない、とされる。これに対して植木は、このような説は権利そのものと権利の行使や保護とを混同している、と言う。国家の創設によって生じるのは権利の保護であって権利そのものではない、と。国家が形成される以前の社会では人々の権利は行使できないことが多いが、それは「権利が守られていなかった」とか「権利の行使が妨害されていた」ということであって「権利が存在しなかった」ということではない。

私の言葉でいえば、植木枝盛は権利の実在論者で加藤弘之は権利の反実在論者である、ということになる。前者は、権利がその行使や保護とは別に実在すると考えるのに対し、後者は、権利はその行使や保護とともに生じ、それらを離れては実在しない、と考える。

この二人の対立を止揚《アウフヘーベン》すべく登場するのが福沢諭吉である。福沢は『国会論』においてこう言う。「今、全国人民の国会を熱望するもまた（…）ただ権力を好むの本性に出たるものなれば、政府の当事者もまた、ただその地位を異にするのみにて、その権力を好むの心事に至りては、まさしくこの人民と異ならざれば、すでに掌握したる権力を損することなからんと欲するは、もとより当然のことなり」。これは驚くべき主張だと言ってよいだろう。人権思想といえども、それを受け入れようとしない力に対しては、力によって対抗せざるをえないのは当然である。しかし、その力は「理」を受け入れることを迫る力であって、権力の側の不当な力の行使とは区別されねばならないはずであろう。しかし、福沢はここであえてこの区別そのものを否定している。この時期に福沢が right の訳語として「権理」に替えて採用したのが、今日われわれが使用している「権利」である。

福沢が「権理」という訳語を採用していたとき、それは正邪・善悪を区別する

「理」を実現するための力（すなわち「理のための権」）として捉えられていた。ところが今、福沢は、「社会に生息して権力を好むは、もと人類の天性にして、傍らよりこれを是非すべきにあらず」と主張して、この区別を否定してしまう。一見したところ、その主張はあからさまに加藤よりに見えるかもしれない。しかし、必ずしもそうは言えないのだ。私の解するところでは、本書の著者はそこのところを次のように説明していると思われる。

「加藤の（おそらくは意図的な）誤り、それは、「多数の者は一人の者よりも強い」（プラトン『ゴルギアス』）ということを度外視しようとする点にある」。まずはこの認識が出発点である。つまり実は、加藤のような力の論理を真理として認め、国家を支配するのは最も力のある者でなければならないと認めたとしても、多数である人民こそが最も力のある者である、ということは十分にありうることであって、人民主権こそが力の論理に従ったものである、ということは十分に考えられることなのである。これはしごく単純な真理だと思われるが、この単純な真理を、加藤の反実在論が認めようとしないのと同様に、植木の実在論もまた決して認めようとしないであろう。植木が「実在する」と見なすものは、たんにもともと実在するのではなく、実はいわば反実在論的に後から構成されて実在する（と見なされる）ようになったもの、だからである。これは言ってみれば「もともとあったことに後からなる」といったことであり、福沢はじつはそういう存在のあり方を洞察したに違いない、といえる。

ここまででも十分にスリリングな議論だと思うが、著者の議論はこれにさらに、この「後からの構成」のしくみをイデオロギー的に隠蔽する仕組みの解明が付け加えられており、さらにスリリングなものとなっている。それは以下のようなものである。

凡百の多数者が結束して少数の強者を支配することで自らの「力への意志」を実現しようとするとき、彼らは相互に平等な権利を認め合う契約を交わすであろう。「そのとき彼らは、共同体の結束を強固なものにしようとして、「権利の平等」という約定を聖化し絶対化しないであろうか。聖化し絶対化するために、「力への意志」に由来を持つこの約定の出自を自ら隠蔽し、むき出しの「力への意志」に〈悪〉のレッテルを貼るという道徳的操作を行わないであろうか」（二一四頁）。なるほど、その通りであろう。これに続けてこういわれてもいる。「そのようにして道徳的仮構を作りあげた場合でも、しかし彼らは自己の「力への意志」そのものを放棄してしまうわけではない。彼らは依然として「力への意志」を抱き、あらゆる機会をとらえて、……」（二一四頁）。

たしかにそうではあるのだが、ここで少しだけ私見を補足させていただくなら、この隠蔽の仕組みがうまくはたらくためには、自分自身も少なくともある程度はこの「道徳的操作」の成果を信じ込む必要があるのではなかろうか。あるいは、少しも信じ込まない人もいるがほぼ完全に信じ込んでしまう人もいる、というようにならざるをえないのではあるまいか。そういう意味においては、ある意味ではやはり「力への意志」は（ある程度は）放棄されるのだ、とも言えることになるだろう。そうすると、ここに一種の普遍的な自己欺瞞的状態が出現することは避けられない。あるいは、ここには一種の二重真理状態が出現する、と言ってもよいだろう。

この場合、ここで新たに創設された「道徳的仮構」のほうをいわば公理として、そこを基盤にして、そこから出発するような新しい概念体系もまた創られることになるだろう。そして、ある意味において、その本心において信じていないにもかかわらず表立ってそれを疑うことは決してゆるされない、といえるような奇妙な真実が構築されることになるように思われる。

そう考えて振り返って見れば、加藤弘之と植木枝盛の対立も、このような特殊な状況を反映したものであった、と見ることもできるはずである。国家の創設によって生じるのは権利の保護であって権利そのものではない、権利そのものはそれ以前から存在していたのだ、という植木の主張は、この新たに創られた「道徳的仮構」のほうをいわば公理として、そこを基盤にして出発する概念体系の側を体現したものだ、と見なせるであろう。この対立構造は、現代において現にわれわれが体験している現実そのものではあるまいか。

ともあれ本書の著者によれば、「権利」という理念は、自分を力において他の人々と同等であると見なしている多数者が有力な少数者に対抗して自分たちの権力への意志を成就しようとする際に必要とされる戦略である。それが実際に力を持つのは、その根源に力への意志が存在するからである。それゆえ驚くべきことに、「正しいこと」を意味する原語の「right」よりも、「力」と「利益」を意味する苦肉の訳語である「権利」のほうが、じつはその本質を表現している、といえることになる。Rightという原語は、むしろその本質を最初から隠蔽しているわけである。いや、その隠蔽によってこの概念のイデオロギー的本質を暴露している、ともいえるだろう。「利のための権（利益を得るための力）」という内実をもつ概念に「正しいこと」という名前がつけられてしまえば、その根拠と正当性をそれ以上吟味検討することはもはやできない。Rightの理念が支配する世界においては、それはなぜ正しいのかと問うことは、独身者はなぜ結婚していないのかと問うことのごとく、同語反復的な無意味な問いとなる。* この理念は、それを通用させるためには、この種の隠蔽と「聖化」とを必要とするわけである。

* 独身者とは結婚していない人という意味なのであるから、「なぜ結婚していないのか?」と問われても、そもそも独身者とはそういう意味なのですから、と答えるしかない、と確かに言えはする。とはいえ、この問いに応えて、個々の独身者(=結婚していない人)がなぜ結婚していないかを調べて回ることはやはりできるであろう。その意味では、rightと名づけられたこのことはなぜrightなのか(正しいのか)と調べることはやはりでき、それが本書で著者がしていることである、と見なすことができる。

Rightと権利の関係にかんする著者のこの洞察は、疑う余地なく素晴らしいものだと思うが、しかし、逆説的ながら、その素晴らしさはその使い道のなさの内に示されているといえるだろう。この洞察は、もはや使い道がないほどに根源的な(という意味は表に現れないように根源へと押し込まれたという意味だが)真理を語っているからだ。つまり、この真理は「神聖な嘘」に対する「卑俗な真実」、あるいは「善良な嘘」に対する「邪悪な真実」であらざるをえない。もともとからそうであったのではなく、まさにそれが記述しているその過程を通じて、そのようなものとして現れざるをえないように（世界の側が）変わってしまうわけである。

権利の思想が、このようにある意味ではもはや疑うことがゆるされないものに変じる過程において、またそういう変成を推し進める力そのものとして、それを権力への意志から実際に自立させる必要性も生じるであろう。背後に力への意志が存在しない権利（いわばもはや権利ではない right）という、本来の成り立ちからすればありえないはずのものがあることが、むしろ必要不可欠とされてくるのではあるまいか。権利のイデオロギー的本質がその存在を要求するからだ。

その好例として、動物の権利が考えられるのではあるまいか。たとえば女性は、もともと権利要求能力を持っているから、フェミニズムの諸主張は古典的な権利の範疇に問題なく収まる。しかし動物は、かりに力への意志はあるとしても、自ら権利要求をおこなう（それを実現するために団結して闘う）能力そのものがない。だから、本来の意味での権利を持ちうるはずがない。それでも、権利を持つと見なされるべき必然性があるのではなかろうか。もちろん、これは動物の権利が守られているということではない。人間に食べられるためだけに飼育されている動物たちが現在でも多数存在している。しかし、それは不当なこと、不正なこと、right に反すること、と考えられることにならざるをえないだろう。この場合、動物にも権利があると見なし、それを守ろうとする力は、動物たち自身の力への意志ではない。それでも、彼らもまた権利を持つことにならざるをえないのだ。すると、やはり植木枝盛の主張が正しかったのか。いや、今や正しいことになった、というべきだろうか。おそらく、もともと正しかったことに今やなった、というべきなのであろう。

しかし、それがどこから生まれたのか掘り下げれば、その根拠はたしかに弱い。動物の世界は弱肉強食で、動物が他の動物に食べられることはごく普通のことだからだ。現代の植木枝盛は、シマウマを捕食するライオンもまたシマウマの権利を侵害しているといわねばならないのだろうか。この問題を解明するためには、より複雑な福沢諭吉が登場しなければならないかもしれない。しかし、答えの筋はすでに見えているだろう。動物の権利は、権利の理念を正当化するためのイデオロギーそのものから直に生じたものなのだ。ニーチェ由来の概念を使うなら、それは無《ニヒル》から生まれたという意味でニヒリズムと呼ばれるべきものなのだが、もしそれをニヒリズムと呼んで否定的に見るなら、現にわれわれの文明を支えている大きな支柱の一つが瓦解してしまうに違いない。われわれの文明は、たとえば動物たちにも権利を認めることで、その「正しさ」をさらに強固なものにしていかざるをえないように、いわば運命づけられることになった。もちろん、それを露骨に壊そうとする、別の場所からのむきだしの

「力への意志」はつねに避けがたく存在することにかわりはないが、それはまた別の問題である。

ともあれ、笹澤豊の本書は、こうした問題を、今日一般的に論じられているような表層的水準においてではなく、その最も根底から考察するためには、決して避けて通ることのできない、他に類書というものが存在しない、真に画期的な一冊なのである。

（ながい・ひとし　日本大学教授）

人名索引

ヤ・ラ 行

事項索引

さ　行

ま 行

や・ら 行

本書は一九九三年二月、勁草書房より刊行された。

神智学
ルドルフ・シュタイナー
高橋巖訳

神秘主義的思考を明晰な思考に立脚した精神科学へと再編し、知性と精神性の健全な融合をめざしたシュタイナーの根本思想。四大主著の一冊。

いかにして超感覚的世界の認識を獲得するか
ルドルフ・シュタイナー
高橋巖訳

すべての人間には、特定の修行を通して高次の認識を獲得できる能力が潜在している。その顕在化のための道すじを詳述する不朽の名著。

自由の哲学
ルドルフ・シュタイナー
高橋巖訳

社会の一員である個人の究極の自由はどこに見出されるのか。思考は人間に何をもたらすのか。シュタイナー全業績の礎をなしている認識論哲学。

治療教育講義
ルドルフ・シュタイナー
高橋巖訳

障害児が開示するのは、人間の異常性ではなく霊性である。人智学の理論と実践を集大成したシュタイナー晩年の最重要講義。改訂増補決定版。

人智学・心智学・霊智学
ルドルフ・シュタイナー
高橋巖訳

身体・魂・霊に対応する三つの学が、霊視霊聴を通じた存在の成就への道を語りかける。人智学協会の創設へ向け最も注目された時期の率直な声。

ジンメル・コレクション
ゲオルク・ジンメル
北川東子編訳
鈴木直訳

都会、女性、モード、貨幣をはじめ、取っ手や橋・扉にまで哲学的思索を向けた「エッセーの思想家」の姿を一望する新編・新訳のアンソロジー。

私たちはどう生きるべきか
ピーター・シンガー
山内友三郎監訳

社会の10％の人が倫理的に生きれば、政府が行う社会変革よりもずっと大きな力となる――環境・動物保護の第一人者が、現代に生きる意味を鋭く問う。

自然権と歴史
レオ・シュトラウス
塚崎智／石崎嘉彦訳

自然権の否定こそが現代の深刻なニヒリズムをもたらした。古代ギリシアから近代に至る思想史を大胆に読み直し、自然権論の復権をはかる20世紀の名著。

生活世界の構造
アルフレッド・シュッツ／トーマス・ルックマン
那須壽監訳

「事象そのものへ」という現象学の理念を社会学研究で実践し、日常を生きる「普通の人びと」の視点から日常生活世界の「自明性」を究明した名著。

われわれの戦争責任について
カール・ヤスパース
橋本文夫訳
時の政権に抗いながらも「侵略国の国民」となってしまった人間は、いったいにどう戦争の罪と向き合えばよいのか。戦争責任論不朽の名著。（加藤典洋）

フィヒテ入門講義
ヴィルヘルム・G・ヤコプス
鈴木崇夫ほか訳
フィヒテは何を目指していたのか。その現代性とは——。フィヒテ哲学の全領域を包括的に扱い、核心部分を明快に解説した画期的講義。本邦初訳。

哲学入門
バートランド・ラッセル
髙村夏輝訳
誰にも疑えない確かな知識など、この世にあるのだろうか。近代哲学が問い続けてきた諸問題を、これ以上なく明確に説く哲学入門書の最高傑作。

論理的原子論の哲学
バートランド・ラッセル
髙村夏輝訳
世界は原子的事実で構成され論理的分析で解明しうる——急速な科学進歩の中で展開する分析哲学。現代哲学史上あまりに名高い講演録、本邦初訳。

現代哲学
バートランド・ラッセル
髙村夏輝訳
世界の究極的あり方とは？　そこで人間はどう描けるのか？　現代哲学の始祖が、哲学と最新科学の知見を総動員。統一的な世界像を提示する。本邦初訳。

存在の大いなる連鎖
アーサー・O・ラヴジョイ
内藤健二訳
西洋人が無意識裡に抱き続けてきた「存在の大いなる連鎖」という観念。その痕跡をあらゆる学問分野に探り「観念史」研究を確立した名著。（高山宏）

自発的隷従論
エティエンヌ・ド・ラ・ボエシ
山上浩嗣訳
西谷修監修
圧制は、支配される側の自発的な隷従によって永続する——支配・被支配構造の本質を喝破した古典的名著。20世紀の代表的な関連論考を併録。（西谷修）

アメリカを作った思想
ジェニファー・ラトナー＝ローゼンハーゲン
入江哲朗訳
「新世界」に投影された諸観念が合衆国を作り、社会に根づき、そして数多の運動を生んでゆく——。アメリカ思想の五〇〇年間を通観する新しい歴史。

自己言及性について
ニクラス・ルーマン
土方透／大澤善信訳
国家、宗教、芸術、愛……。私たちの社会を形づくるすべてを動態的・統一的に扱う理論は可能か？20世紀社会学の頂点をなすルーマン理論への招待。

不在の哲学　中島義道

言語を習得した人間は、自身の〈いま・ここ〉の体験よりも、客観的に捉えた世界の優位性を信じがちだ。しかしそれは本当なのか？　渾身の書き下ろし。

先哲の学問　内藤湖南

途轍もなく凄い日本の学者たち！　江戸期に画期的な研究を成した富永仲基、新井白石、山崎闇斎ら10人の独創性と先見性に迫る。（水田紀久・佐藤正英）

思考の用語辞典　中山元

今日を生きる思考を鍛えるための用語集。時代の変遷とともに永い眠りから覚め、新しい意味をになって冒険の旅に出る哲学概念一〇〇の物語。

翔太と猫のインサイトの夏休み　永井均

「私」が存在することの奇跡性など哲学の諸問題を、自分の頭で考え抜くよう誘う。予備知識不要の「子ども」のための哲学入門。（中島義道）

倫理とは何か　永井均

「道徳的に善く生きる」ことを無条件には勧めず、道徳的な善悪そのものを哲学の問いとして考究する、不道徳な倫理学の教科書。（大澤真幸）

増補　ハーバーマス　中岡成文

非理性的な力を脱する一方、人間疎外も強まった近代社会。その中で人間のコミュニケーションへの信頼を保とうとしたハーバーマスの思想に迫る。

夜の鼓動にふれる　西谷修

20世紀以降、戦争は世界と人間をどう変えたのか。思想の枠組みから現代の戦争の本質を剔抉する。文庫化に当たり「テロとの戦争」についての補講を増補。

ウィトゲンシュタイン『論理哲学論考』を読む　野矢茂樹

二〇世紀哲学を決定づけた『論考』を、きっちりと理解しその生き生きとした声を聞く。真に読みたい人のための傑作読本。増補決定版。

科学哲学への招待　野家啓一

科学とは何か？　その営みにより人間は本当に世界を理解できるのか？　科学哲学の第一人者が、知の歴史のダイナミズムへと誘う入門書の決定版！

ちくま学芸文庫

〈権利《けんり》〉の選択《せんたく》

二〇二一年十一月十日　第一刷発行

著　者　笹澤豊（ささざわ・ゆたか）

発行者　喜入冬子

発行所　株式会社　筑摩書房

東京都台東区蔵前二―五―三　〒一一一―八七五五

電話番号　〇三―五六八七―二六〇一（代表）

装幀者　安野光雅

印刷所　星野精版印刷株式会社

製本所　株式会社積信堂

ISBN978-4-480-51085-3 C0110